ANSIA NELLA RELAZIONE E ABILITÀ DI COPPIA

Le Migliori Tattiche per Superare il Pensiero Negativo, Evitare la Gelosia, Conflitti di Coppia, ed Aumentare l'Autostima e la Sicurezza in sé Stessi

Silvia Watson

Copyright 2021 by Silvia Watson– Tutti i diritti riservati.

SOMMARIO

Introduzione 1

Capitolo 1: Vuoi uscire da questo circuito? Dimmi, lo vuoi davvero? 5

Capitolo 2: Lasci che l'ansia rovini le tue prospettive sentimentali? Hai la mania del controllo di ogni aspetto della relazione? 16

Capitolo 3: La gelosia fa sì che tu controlli sempre i social della tua metà: Sei egoista? 4 stili di attaccamento per capire qual è il tuo livello di gelosia. 25

Capitolo 4: Cos'è l'autosabotaggio nelle relazioni? I segnali dell'autosabotaggio. 32

Capitolo 5: La formula magica per gettare le basi della solidità nella coppia. Le regole d'oro della comunicazione di coppia. ... 59

Capitolo 6: Come gestire un rifiuto o la fine di un rapporto duraturo. 68

Capitolo 7: Spiritualità: quali sono i tuoi difetti? 82

Capitolo 8: Cartella di lavoro per cementificare i punti chiave del libro e farli tuoi per sempre. 91

Capitolo 9: Le origini dell'attaccamento. Cos'è? La scienza dietro l'attaccamento. 105

Capitolo 10: Liberati dalle dipendenze: staccati da tutto ciò che provoca dipendenza! 120

Capitolo 11: È ora di sganciarsi dall'impulsività e imparare le fondamenta del dialogo. 129

Capitolo 12: Comunicazione: i 7 modelli e stili comunicativi per migliorare la comunicazione nel rapporto e nel matrimonio. ..140

Capitolo 13: Come la curiosità per il mondo che ti circonda può rafforzare la tua relazione. 151

Capitolo 14: Tenere distanti i genitori per mantenere la privacy. 161

Capitolo 15: Mindful Habits: le 10 abitudini d'oro che devi acquisire per dare una svolta alla tua relazione. 165

Capitolo 16: Come uscire da una relazione manipolatrice attraverso l'accettazione. 172

Capitolo 17: Praticare il perdono e chiedere scusa in modo consapevole. Come prendere le decisioni giuste attraverso la consapevolezza. 178

Capitolo 18: Il modo in cui i social possono distruggere una relazione: usare in modo consapevole questi strumenti. 185

Capitolo 19: Ravvivare un matrimonio in crisi e riaccendere la speranza. 188

Conclusione 195

Introduzione

La paura di innamorarsi.
L'abbiamo sentita così tante volte, ma così tante, che sembra essere una costante storica dell'umanità, non credi? L'accostamento della parola *amore* con la parola *dolore* è un sigillo memorabile.
Se ne sta lì, a ricordarci ciclicamente che amare significa assumersi il rischio di essere felici,
e che essere felici significa assumersi il rischio
di perdere la felicità stessa. E perciò, tirando le somme, avvicinando i due lembi del discorso, diremmo che *amare significa assumersi il rischio di perdere la felicità.*

Ad ogni grande felicità corrisponde una grande paura, che è precisamente la paura di vederla distrutta, quella felicità, annientata, ridotta all'osso, proprio quando stavamo per sperimentarne il picco, la felicità decide di andarsene, e ci lascia lì, prede inquiete dell'unico sentimento triste e dolce che accompagna la perdita. La nostalgia.

Ti sei mai immerso nella tua nostalgia?
Hai mai attraversato la brezza leggera del vento nostalgico?
Ti propongo una sfida.
Conoscere quanto è grande il tuo amore a partire da quanto è profonda la tua nostalgia.

Attenzione! Non sto parlando dell'amore rivolto a una particolare persona.
Sto parlando di te. Sto parlando della grandezza della tua capacità di amare. Indipendentemente dalla persona cui dedichi quell'amore.
Quando tu attraversi la tua nostalgia, tu attraversi te stesso.
Così, ogni volta che sarai tormentato dai sintomi della nostalgia, voglio che utilizzi quei sintomi per conoscere te stesso. È un po' come quando analizziamo i sintomi della nostra emicrania per conoscere la collocazione dei nostri centri nervosi,
e le loro interconnessioni fra le parti.
Ecco, io voglio che la tua *sofferenza* divenga il tuo strumento di *autoconoscenza*.

Scommetto che un po' di volte hai creduto di essere di fronte alla persona giusta. La persona giusta che, chissà come mai, è sempre una sola, come se il nucleo della giustezza si fosse incarnato necessariamente in un solo corpo.
Eppure tu hai avuto il presagio che la *tua* persona giusta si fosse dimezzata, moltiplicata, frammentata in tanti corpi diversi. Hai conosciuto un po' di persone che credevi giuste, diciamoci la verità.
E insieme avete programmato cose improgrammabili, avete pensato cose impensabili, avete detto cose indicibili, avete fatto tutto quello che esce fuori dalle tue scommesse delle cose da fare nella vita. La sorpresa. Sì, era decisamente una continua sorpresa, interagire con loro, interagire con chi, in quel preciso momento della tua vita, credevi corrispondesse alla tua persona giusta.
Poi però, si sa, la vita comincia a dispiegare i suoi pungiglioni affilati, e ti mostra senza pudore tutti i suoi vuoti, si apre un varco

sotto la terra, perdi l'equilibrio, e affondi in una voragine che non sai nemmeno dove si trova, eppure tu ci cadi dentro.
Sei laggiù. Nessuno può raccoglierti.
E gridi. Gridi. Agiti le braccia perché qualcuno ti venga a salvare. Ma non c'è nessuno lì per te.
L'universo è sordo al tuo richiamo.
Perché la persona che tu credevi essere il tuo universo, beh, è stata lei a spingerti laggiù, sempre più in basso, fino a farti toccare il fondo.

E così, quella che tu credevi essere la persona **giusta** è stata paradossalmente la prima responsabile del tuo **sbaglio**.
E così, tutt'a un tratto, giusto e sbagliato si compenetrano. Perdi l'equilibrio. Ma stavolta perdi l'equilibrio mentale.
Sul serio, lo perdi tutto.
Perché quando si confondono bene e male, giusto e sbagliato, luce e ombra, ecco che vanno a rotoli tutte le tue certezze, i termini contrari si intersecano fra loro, le coppie di opposti si avvicinano, e diventano unità, e tu non sai più se sei stato troppo *debole* a crederci davvero, oppure sei stato troppo *forte* per non credere a quella forza che ti investiva.

Insomma, tutto sembra essersi rovesciato.
E tu sei da solo, sei dannatamente solo, e ti senti come scaraventato lontanissimo da tutto, nel punto più isolato della geometria cosmica.

Immagini la scena di un tradimento. E poi un'altra. E poi un'altra ancora. E nonostante tu provi dolore, non ti stanchi del tuo dolore. Perché?
Perché continui a procurarti immagini dolorose?

...ere già sotto controllo le tue reazioni a un possibile ...ito?

per questo che immagini, immagini, e immagini così ostinatamente, a dispetto del dolore che scalpita dalle tue viscere? Se immaginare e anticipare il dolore ti consente di tenerlo sotto controllo, allora tu immagini e anticipi il dolore.
Ecco tutto.

Capitolo 1: Vuoi uscire da questo circuito? Dimmi, lo vuoi davvero?

Bene. Allora dovrai mandare al diavolo la tua maniacale indole al controllo.
Smettere di soffrire significa anche lasciar morire qualcosa, e tu devi lasciar morire il desiderio e l'affanno di controllare tutto.
La terapia d'urgenza funziona così:
smetti di prefigurarti la situazione di dolore,
e lascia che sia il dolore stesso a decidere di accadere o di non accadere.
Dal momento che nulla è delegato alla casualità
- e bada di non dimenticarlo -
allora diremo che, se una situazione dolorosa accade, e se accade proprio a te, significa che quella situazione dolorosa deve insegnarti qualcosa;
se invece una situazione dolorosa non accade,
significa che la vita non ha nessuna lezione da impartirti attraverso quell'esperienza.

Dammi retta, la felicità è una condizione più semplice del previsto. La felicità non è uno stato d'animo che tu devi raggiungere in chissà quale tempo e in chissà quale luogo.
Perché la felicità non può essere raggiunta in un tempo e in un luogo: essa dimora dentro di te da tutta un'eternità.
La felicità può solo essere coperta e scoperta.
Ma non la puoi spostare altrove, non la puoi spingere fuori dalla profondità della tua essenza.

Probabilmente non te lo ricordi, ma tu hai fatto di tutto per coprirla, forse per la noia della troppa felicità che durava da un tempo infinito, l'hai coperta, e hai preferito scoprire il dolore, per fare esperienza della novità. Eri troppo felice.

Sei ancora in tempo per tornare indietro?
Sì. Il tuo tempo è interminato e interminabile.
Puoi tornare indietro anche adesso.
Subito.
Immediatamente.
Puoi tornare indietro anche solo
con un semplicissimo atto di volontà.
Non devi neanche muovere un dito.
Devi solo abbandonare la
tua attitudine a vivere nell'anticipazione
di tutti i possibili eventi negativi.

L'ansia da prestazione è uno dei principali effetti collaterali della volontà scalmanata di prevedere gli eventi e di crearne l'anteprima con l'immaginazione.
Ma che cos'è l'ansia da prestazione?
Te lo sei mai chiesto?

Proviamo a scavare, torniamo all'essenza del sentimento, al retro delle parole usate per descriverlo, a tutto quello che c'è dietro alle definizioni, al significato originario, ansia da prestazione, una combinazione di significati, proviamo a cercarne il senso a partire dai sinonimi e dalle parole consimili.
Ansia da prestazione: aspettativa, attesa, performance, esibizione.

Tutto rimanda a un orizzonte di meccanismi anticipatori e di paura del giudizio.
In effetti, perché tu dovresti creare immaginariamente
la scenografia della tua performance
se non temessi il giudizio di chi assisterà
alla tua performance?

Io ti dico che imparerai a gestire l'ansia da prestazione soltanto quando imparerai a gestire la paura del giudizio.

Il meccanismo è questo: se togli la paura del giudizio, togli l'ansia dell'esibizione.
Perché l'ansia per una esibizione teatrale non può esistere laddove il teatro è vuoto di spettatori.
Così, riesci a capire quanto l'ansia sia intimamente legata al tuo continuo proiettare te stesso nella mente degli altri?
Insomma, tu non fai altro che proiettarti nel *sentire* degli altri.
Non è così?

Pensaci. Ti è mai capitato di ascoltare una canzone che hai condiviso con un altro essere umano, e di immaginare, mentre la ascolti, il suo *sentire*?
Ti è mai capitato di proiettarti nell'interpretazione dell'altro, all'ascolto di una canzone condivisa?

Questo processo è meraviglioso, intendiamoci.
Perché ti consente di visitare le stanze cognitive di altri esseri umani. Ti consente di fare esperienza diretta della immedesimazione.

Ma è un processo naturalmente provvisto di effetti avversi. Perché quando tu cominci a vivere costantemente in una proiezione nella mente dell'altro, l'assorbimento può essere così profondo, da non riuscire più a rientrare in te stesso.
E allora si generano le dinamiche di cui parlavamo prima. La prima fra tutte è l'ansia da prestazione.
Vivendo nella mente dell'altro, tu vivi perennemente anche nell'anteprima delle sue *reazioni* alle tue *azioni*.
Col risultato che ogni tua *azione* è vincolata alla *reazione* che tu hai preannunciato.

È proprio qui che devi spezzare la catena.

Quando ti immergi in una possibile reazione futura della persona che ami, ricordati che esiste un metro di giudizio diverso e del tutto insospettabile: l'imperturbabilità.

La condizione di imperturbabilità è precisamente l'assenza di reazioni emotivamente condizionate.

Tieni a mente che le reazioni umane possono essere molto, molto più deboli di quelle che costruisci nell'immensa gamma dei tuoi pensieri.
Perché devi capire che *le persone non vivono per reagire alle tue azioni.*
Le persone accolgono le tue azioni. E reagiscono se è richiesto dalla circostanza.
Ma per loro non è fondamentale reagire alle tue azioni.

Fidati di me, quando avrai timbrato questa informazione nelle riserve della tua memoria, riuscirai a vedere con il dovuto *distacco emotivo* le possibili reazioni degli altri. E finalmente, chissà, magari potrai dire addio a questa fastidiosa pressione di dover sempre soddisfare le aspettative degli altri.

Nel momento in cui smetterai di disegnare i grafici mentali delle aspettative degli altri, dubito che tu sarai ancora vittima dell'ansia anticipatoria.

E se proprio non riesci a smettere di disegnarli, allora cambia la struttura dei disegni!

Ricordati dell'imperturbabilità.

Reazioni deboli. Reazioni non fondamentali.

Reazioni che non potranno in alcun modo compromettere il tuo equilibrio interiore.

Reazioni che non ti riguardano direttamente, ma riguardano *soltanto* una circostanza.

Capisci l'enorme differenza?

Se pensi che le persone reagiscano alla tua persona, alla tua identità, alla tua personalità, per intero, è chiaro che sarai sempre implicato nell'ansia!

Ma se invece pensi che le persone reagiscono a una semplice e transitoria circostanza, della quale tu sei solo la temporanea protagonista, allora tutto cambia. Il giudizio inizia a ridimensionarsi.

E con esso, anche la paura del giudizio.

Fino a dissiparsi gradualmente.

Vedi, io temo che la paura del giudizio sia figlia dell'egocentrismo.

Forse penserai: eh? Che accidenti vuoi dire?

Lascia che io mi spieghi meglio.

La paura del giudizio si fonda sul presupposto che qualcuno stia lì *necessariamente* a giudicarti.

Ma questo presupposto è scorretto, perché il giudizio non è una condizione necessaria.

Se qualcuno presuppone che un essere umano stia lì a giudicarlo, presuppone anche che quell'essere umano gli dedichi attenzioni: il giudizio richiede attenzione.

E questo non è forse egocentrismo?

Sentirsi al centro di una reazione giudicante
non è poi tanto diverso dal semplice
sentirsi al centro dell'attenzione.

A cambiare è l'attività circostanziale, ma la posizione centrale è identica.

Centro dell'attenzione, centro dell'attenzione giudicante.

Prova a pensarci: credi davvero che gli esseri umani, con tutte le loro felicità e tribolazioni, abbiano il tempo e la voglia di mettersi a giudicare costantemente i tuoi comportamenti?

Oh, beninteso, c'è qualcuno che lo fa sul serio.

Ma dammi retta: la persona giudicante non sta mettendo te al centro del suo mondo, sta semplicemente vedendo in te un *veicolo* di giudizio che serve a se stessa per conoscersi.

In pratica, il giudicante si serve della tua persona per potersi compiacere dei suoi stessi giudizi.

Tu sei solo uno strumento casuale.

E in fin dei conti, i suoi giudizi su di te non dovrebbero neppure riguardarti, capisci?

Perché tu non ci sei nemmeno, in quei giudizi.

Tu non sei davvero presente in quei giudizi.

C'è solo la sua voglia di apparire più stimabili a loro stessi.

Uno sguardo che punta all'essenziale vedrà chiaramente la persona giudicante come una persona sofferente, perché probabilmente soffre della sua compiacenza autoriferita.

Ha bisogno di appoggiarsi sempre a una circostanza esterna per potersi congratulare con se stessa, nel ritrovare i suoi giudizi e sentirsi dire da qualunque altra persona che ha ragione, o darsi ragione da sé.

I suoi giudizi sono sempre proiettati sulle altre persone perché magari non è capace di autogiudicarsi. Ma lei vuole sentirsi dire che ha ragione. E se non può avere ragione su se stessa, perché appunto non sa giudicare se stessa, farà di tutto per avere ragione sugli altri, giudicando gli altri. Così non ti sorprendere dell'esistenza di persone incredibilmente giudicanti. Non ti riguardano.

Ricorda: per ogni giudizio emanato sull'altro, si stanno solo misurando con la loro inefficienza nell'autogiudizio.

Perché in effetti chi si autogiudica non riesce più a giudicare gli altri con facilità, in quanto chi è abituato ad autogiudicarsi lucidamente è anche abituato ad autocriticarsi, e quando ci scopriamo vulnerabili di fronte a noi stessi, ti assicuro che si assopisce spontaneamente la nostra voglia di trovarle negli altri, le vulnerabilità.

Lasciali fare, lasciali andare, lasciali evolvere.
Tu non ci sei nei loro giudizi su di te.

Scommetti che se riesci a superare la paura del giudizio nel suo nucleo fondante, riuscirai conseguentemente a superare l'ansia da prestazione in una relazione sentimentale?
Credimi, le due paure sono interconnesse.

Quando perderai il vizio mentale di credere che il tuo comportamento sia sempre *protagonista* di un giudizio, e comincerai a vederlo solo come un *uncino*, come un *veicolo di attaccamento e di espressione* della persona giudicante, ti assicuro che polverizzerai una buona percentuale di ansia performativa.

Ascoltami bene.
Hai presente quegli utenti che sui social network commentano con lunghi ed elaborati discorsi critici sotto a un post ludico che magari non voleva insegnare niente a nessuno?
Ebbene, loro sono l'esempio perfetto di chi si impegna nel giudizio perché ha bisogno che qualcuno *acclami* quel giudizio.
Prova a domandarti: se non esistesse l'opzione *like*
ai commenti, quanti ancora si prenderebbero la briga di commentare in modo tanto articolato, impiegandoci magari ore e ore a rendere impeccabile il commento?
Con questo non voglio insinuare che non ci sia chi commenta in buona fede, sia chiaro. Voglio solo che tu ti impegni a dedurre e interpretare le intenzioni che si celano dietro a certe azioni apparentemente banali. Questo esercizio ti sarà poi molto utile, perché se cominci a dedurre le intenzioni di chi commenta qualcosa che ti è estraneo, un giorno potrai trovarti immerso in

uno schema simile di azioni, stavolta rivolte verso di te, e tu avrai già timbrato nella tua mente il modello psichico di quella categoria di comportamenti. **Perché li avrai già studiati quando essi non erano rivolti a te, ma erano rivolti a qualcosa che ti era estraneo.**

Non disdegnare mai la ricerca diretta verso fenomeni che non ti riguardano.
In verità ti dico che non esistono neppure, fenomeni che non ti riguardano!
Tutto ci riguarda, per via indiretta.
Per il semplice fatto che tutto ciò che è collocato su questo pianeta, ci ruota intorno spazialmente, occupa uno spazio che occupiamo noi.
E questo fa sì che gli eventi possono sfiorarci da un momento all'altro, questo fa sì che basta un loro spostamento, ed ecco che ne siamo investiti. Tutto ciò che esiste su questo pianeta ci riguarda!
Anche se adesso non ne siamo minimamente toccati, anche se adesso ci sembra impossibile che ci raggiungano direttamente, ricordati che in linea ipotetica basta un uragano che ingloba in sé oggetti provenienti da chissà dove, e poi si avvicina a te, e all'improvviso ecco che quegli oggetti possono sfiorare la tua casa. Capisci? Basta un movimento naturale ed ecco che ti trovi immerso nelle cose che credevi più distanti da te.
Non avversare mai ciò che ti sembra estraneo!
Non c'è niente che sia veramente estraneo a te.

Come vedi è una questione di occupazione spaziale, essa è dinamica, non esiste un oggetto collocato nello spazio che non possa essere spostato, a meno che non si tratti di qualcosa di strutturale che costituisce il pianeta. Ma vedi, tu sei anche la struttura del pianeta stesso, perché il pianeta è l'espressione della natura, e tu sei espressione della natura. Tu sei natura manifesta in forma cosciente, il pianeta è natura manifesta in forma cosciente, sebbene quella coscienza non sia accessibile alla coscienza umana.

Immedesimarsi nelle future reazioni di un partner va bene, tentare di prevederle va bene, ma solo a patto che l'immedesimazione e la previsione siano le componenti di un *gioco. Il tuo gioco.*

Nel momento in cui esci fuori dalla prospettiva del gioco, cominciano i guai.

Ci hanno insegnato che il gioco è qualcosa di superficiale, una minuzia infantile, un'attività da superare e trasformare in un modo di vivere più profondo.
Ma che diavolo sono la *superficialità* e la *profondità*?
Ciechi gli esseri umani che non vedono la sconfinata profondità del gioco!
Perfino il cosmo è nato dal supremo gioco della coscienza cosmica, perché è nato dalla mescolanza e dalla combinazione degli elementi cosmici, e la combinazione degli elementi è precisamente un gioco. I giochi sono impregnati di esercizi combinatori. Combinazione di colori, combinazione di forme, combinazione di movimenti, combinazione di suoni. E allora dimmi: chi ha ancora il coraggio di definire superficiale il gioco,

dopo aver costatato che il gioco delle combinazioni è ciò che attraversa la superficie e le viscere di tutte le cose esistenti nell'universo?
Combinazione di atomi e molecole, combinazione di energie, combinazione di spinte meccaniche,
il gioco combinatorio attraversa e permea la struttura elementare del corpo e dell'universo.

Dopo aver compreso il principio di profondità insito nella natura del gioco, non avrai problemi a considerare un gioco anche le tue relazioni sentimentali.
Immedesimarsi nelle future reazioni di un partner va bene, tentare di prevederle va bene, ma solo a patto che l'immedesimazione e la previsione siano le componenti di un *gioco. Il tuo gioco.*

Ritorniamo qui. Tu stai sempre dirigendo il tuo gioco, e al massimo ti stai aprendo alla possibilità che il tuo gioco possa diventare un gioco condiviso.
Innamorarsi non significa smettere di giocare.
Perciò, ogni volta che sentirai sopraggiungere l'ansia anticipatoria per la tua prestazione sentimentale, tieni a mente che il peggio che può succederti è che il **tuo** gioco non possa più essere condiviso. Ma tu non smarrirai mai il **tuo** gioco.
Il tuo gioco è autosufficiente. Gli bastano appena tre pensieri diversi per mettersi a funzionare, per cominciare a produrre sempre nuove combinazioni di pensieri. Il partner è accessorio. Non è necessario al funzionamento del tuo gioco.

Ti prego, ricorda la parola *accessorio*
ogni volta che verrai assalito dall'ansia sentimentale.

Capitolo 2: Lasci che l'ansia rovini le tue prospettive sentimentali? Hai la mania del controllo di ogni aspetto della relazione?

Ma adesso passiamo a un altro genere di ansia.
Voglio dire, non parlo dell'ansia da prestazione per timore del giudizio. Parlo di quell'ansia che è prodotta dall'infatuazione quand'essa è appena insorgente, e parlo del clima di vago imbarazzo che ne deriva. Si sa, le fasi iniziali degli innamoramenti sono scandite dal desiderio di apparire perfetti.
È un po' come se, in quelle fasi, noi fossimo ancora un'incognita, e perciò, nell'attesa fremente di farci scegliere, accade che mettiamo in atto qualunque strategia idonea a garantirci un avvicinamento marcato all'idea di perfezione.
Questo atteggiamento non è da condannare, beninteso. Questo atteggiamento è semplicemente da sviscerare in tutta la sua complessità.
Bene, tanto per cominciare, la domanda è:
se il vostro gioco si comincia a strutturare come una gara a chi arriva per primo all'impeccabilità,
come puoi pretendere che non si presenti il sentimento dell'ansia?
Essere sempre impeccabili è umanamente impossibile. E perciò se tu ti crei un'aspettativa irrealizzabile - vale a dire, l'impeccabilità onnipresente - è chiaro che il presagio del fallimento si farà sentire forte e chiaro, e ti caricherà di turbamenti ansiogeni.

Il problema dell'ansia reattiva deve essere risolto a monte. Occorre cioè fare qualche passo indietro, e rivedere i parametri di *perfezione* cui ambisci.

Che ne dici di spostare un po' più in basso l'asticella della perfettibilità?

Che ne dici se un giorno tu ti svegliassi, e decidessi di essere meravigliosamente libero di mostrarti imperfetto?

D'altra parte, io non lo so se ti sei mai interrogato sul vero significato della parola *imperfezione*.

Se parliamo di quelli che comunemente gli esseri umani chiamano *difetti,* allora io voglio chiederti:

che cosa definisce il difetto?

Perché un puntino rosso sul viso viene denominato difetto?

Si tratta semplicemente di un cromatismo che si incontra con un altro cromatismo. Si tratta soltanto di una omogeneità meno definita, nella compattezza o nel colore.

Ma perché una combinazione geometrica elementare, quando comincia a esistere sul viso, viene definita *difetto*?

Non smettere mai di interrogarti sui modi di definizione più comuni e ricorrenti: spesso sono quelli che nascondono gli inganni più grandi.

Quando avrai finalmente disambiguato la natura primitiva della parola *difetto,* allora io ti dico, è possibile che la tua intera prospettiva della perfezione si modifichi radicalmente.

Ricorda bene le mie parole: se cambi i parametri di una definizione, non solo cambi la definizione, ma cambi anche l'applicazione della stessa.

Ed eccoci di nuovo giunti alle fondamenta dell'ansia da *infatuazione nascente*.

Se l'infatuazione nascente ti richiede una perfezione che tu sai benissimo non essere in grado di reggere, e se oltretutto sai che questa perfezione ti costerà fatica e dispersione identitaria, vale veramente la pena cambiare i parametri della parola imperfezione, come pure quelli della parola *difetto*.

Che cosa stai aspettando?

Mettiamola così, la fase dell'imbarazzo non è da demonizzare e neppure da eliminare drasticamente. Ma è da sublimare.
L'imbarazzo non deve inibire e nascondere l'imperfezione, semmai deve lasciarti esibire con più tenacia le tue qualità migliori.
Ecco, che ne dici di un approccio del genere?
Non basato sull'occultamento dell'errore,
ma sul *dis*-occultamento dello splendore.
Del tuo splendore.
Perché sì, tu di splendore ne hai da vendere, e ti tocca diventarne cosciente affinché tu possa mostrarlo anche agli altri.

Quando diventi consapevole del tuo splendore, succede che l'ansia non trova più il suo veicolo di espressione preferito: l'insicurezza.
E insomma, per così dire, tutte le volte che ti **ricordi** del tuo splendore, è come se tu facessi **dimenticare** all'ansia la sua tensione di esistere.

Pensaci, dico, pensaci un po' di volte all'ora, un po' di volte alla settimana, un po' di volte al mese, pensaci a quanto splendore inespresso custodisci dentro. Pensaci così intensamente da poterlo proiettare all'esterno. Pensaci così ardentemente da

poterlo proiettare su tutte le cose che osservi.
Ogni panorama che vedi splendere dinanzi a te conduce alle tracce del tuo splendore interiore.

Vedrai, quando sarai sufficientemente allenato a vederti splendere, l'ansia dell'infatuazione ti abbandonerà. La tua mente lo saprà, che non c'è più pericolo.
Una semplice dose di autostima può uccidere i peggiori parassiti emozionali.

Lo sai che se riesci a tenere ferma l'ansia, puoi persino tenere fermo il bisogno *incontrollabile* di *controllare tutto*?

Adesso voglio che ti soffermi su questa sottigliezza discorsiva.
Bisogno *incontrollabile* di *controllare tutto*.

Non ti sembra un paradosso?
Sì. Lo è sul serio. E la verità è che se tu non riesci a controllare, prima di ogni cosa, il tuo impulsivo desiderio di controllare tutto, beh, allora è chiaro che tu non starai mai controllando tutto, perché ti mancherà innanzitutto il controllo originario su te stesso. La radice di tutto il controllo.

Tenere tutto sotto controllo è un delirio.
I nostri cervelli non sono strutturati per tenere tutto sotto controllo.
E ne è un esempio l'attenzione focalizzata sulle cose, e la differenziazione degli stimoli esterni,
e cioè il fatto che il cervello si va via via adattando ai nuovi stimoli sensoriali, come suoni, colori, e così via, iniziando a sezionarli, a dividerli, e separa il rosso da una nube fumosa di colori indifferenziati, e separa la quinta nota musicale da un'orchestra

indifferenziata di melodie, e riesce a studiarla soltanto quando la isola dal contesto e poi la reinserisce nel contesto.
Il nostro cervello non vuole tenere tutto sotto controllo!
Se lo facesse, rischierebbe un sovraccarico sensoriale.
E dunque nostro cervello soffre, quando gli si chiede di tenere tutto sotto controllo.
Ma allora ti chiedo, se già organicamente ci giunge la richiesta di evitare il controllo onnipervasivo, perché tu non percepisci la stessa richiesta di *protezione,* che proviene dalla tua psiche immateriale?
Quanto hai sofferto, quando hai tentato di tenere tutto sotto controllo? Te lo ricordi?

La buona notizia è che tu puoi interrompere questo circolo vizioso. Sì, nessun dubbio che tu possa farlo. Basta semplicemente che tu scavi dentro l'abisso dei desideri che stanno dietro ai tuoi desideri.
Ci puoi giurare, non basta osservare e analizzare metodicamente i tuoi desideri. Devi fare un salto più lungo. Devi atterrare precisamente nel retro dei tuoi desideri. Perché è lì che risiede la verità ultima delle tue azioni presenti.
Non nel desiderio del controllo, ma nel desiderio che ha dato la prima spinta attiva al desiderio del controllo.
Ciascuno dei nostri desideri si influenza vicendevolmente, e allora tu devi risalire alla fonte, al primo desiderio che ha toccato, mosso e caricato il desiderio del controllo.
In questa introspezione del desiderio ti è consentito viaggiare oltre ogni confine spaziale e temporale. Puoi viaggiare persino nella tua infanzia, e magari puoi fermarti a vedere un po', qua e là, se c'è stato un evento che non ti ha permesso di avere il

controllo su te stesso, un evento che tutt'a un tratto è inevitabilmente sfuggito al tuo controllo, e che perciò ha segnato la tua sfida iniziale, la tua sommossa, la tua primissima ribellione verso la privazione del controllo. Chissà se hai mai rischiato di affogare in mare, chissà se hai mai rischiato di essere investito da un'automobile, chissà se hai mai rischiato qualcosa a cui non bastava un'attenzione polarizzata, ma si richiedeva un'attenzione totalizzante su qualsiasi elemento ti girasse intorno, perché l'imbroglio più maestoso del pericolo è farti credere che tu abbia bisogno di controllare tutto.
E invece no.
Non ne hai bisogno.
Il pericolo è un attimo. Non è una vita.
E tu non puoi estendere alla durata della tua intera esistenza la richiesta dell'ipercontrollo richiesto dalla durata di un singolo pericolo.

Non ti chiedo tanto. Ti chiedo soltanto di tornare indietro nel tempo, ti chiedo di tornare a quel momento che segnò l'allarme, l'antifurto della mente, gli occhi sgranati, il terrore, i pugni chiusi, la sensazione di impotenza. E ti chiedo di attraversarlo, perché tu possa ridefinire i confini di quel momento.

Sei sicuro che quel momento sia passato per davvero?
Quando l'hai vissuto, sei proprio certo di esserti detto a voce alta, a voce alta del pensiero, che: *adesso è tutto passato?*

Bene. Se non l'hai fatto, dovrai darti una mossa.
Sei ancora in tempo per rimuovere le scorie del tuo passato dalla verità del tuo presente.

Quando cerchiamo di controllare tutto in una relazione sentimentale, stiamo comunicando al nostro inconscio che viviamo in una situazione di *allerta* costante.
Ed è così che l'inconscio si ribella, è chiaro.
L'inconscio non sopporta le catene, non sopporta le situazioni allarmanti, l'inconscio è l'espressione pura della libertà autentica. E quando tu ti inoltri in una previsione di *ipercontrollo*, stai letteralmente imprigionando un tipo di libertà inconscia, la libertà di *abbandonarsi* che spetta di diritto al tuo inconscio, cioè alla parte più saggia di te.
In ragione di ciò, l'inconscio comincia a ribellarsi, e talvolta, quando non sei abbastanza concentrato per sentire il suo richiamo, comincia a produrre sintomi dolorosi o fastidiosi, per attirare meglio la tua attenzione. Probabilmente l'inconscio si comporta come un bambino perché è la parte più saggia di noi. E ormai è una notizia nota da millenni, che i migliori filosofi sono i bambini. No?

Libera il tuo inconscio dalla prigione del controllo onnicomprensivo. E il tuo inconscio ti libererà dal sintomo.

E ti assicuro che le tue relazioni diventeranno esperienze degne di essere ricordate senza rimorsi. Perché il guaio di una relazione fondata sull'ossessione al controllo è l'impronta a lungo termine che lascia dentro di te.
Non importa quando finisce e perché finisce.
Importa che, una volta finita, quella relazione ti lascerà un sapore amaro in bocca.

L'amara consapevolezza che ti farà stringere i denti, e ti farà dire: diamine! chissà come sarebbe andata a finire, se io non fossi stato così ossessionato dal voler controllare tutto!

Ti svelo un segreto. Se vuoi finalmente smettere di avere rimorsi alla fine delle tue relazioni,
dovrai semplicemente impegnarti a essere la versione migliore di te stesso.
Non potrai più rimproverarti niente, se tutto quello che fai, lo fai nella tua versione migliore.
Intesi?

Non dubitare della tua capacità di raggiungere la versione migliore di te stesso.
E non credere assolutamente che il tempo trascorso nella versione peggiore di te stesso sia stato tempo sprecato.
Ci dicono che dobbiamo diventare la versione migliore di noi, ma io dico che è molto più faticoso diventarlo, se a malapena conosciamo la versione peggiore di noi. A volte, semplicemente, ci occorre dimorare a lungo nella versione peggiore di noi, in modo da conoscerla sufficientemente per ambire alla nostra versione migliore.

La versione peggiore di noi stessi ha una virtù insospettabile, ci puoi contare.

È solo nella versione peggiore di noi stessi che possiamo qualificare i nostri peggiori punti deboli, e una volta che la qualifica è stata stampata nella nostra memoria, possiamo lavorare sulle nostre debolezze avendo a nostra disposizione dei dati coerenti e credibili. Pensaci un momento.

Nulla è più coerente di una bassezza commessa mentre ci troviamo nella versione più bassa di noi.

Capitolo 3: La gelosia fa sì che tu controlli sempre i social della tua metà: Sei egoista? 4 stili di attaccamento per capire qual è il tuo livello di gelosia.

Bene. Facciamo un passo indietro.
Una volta chiarito che il bisogno di controllare tutto deriva dalla minaccia incombente di un pericolo, occorre pure chiarire di quale natura sia questo pericolo.
Se il pericolo è, tanto per dirne una, che il tuo partner possa preferire occasionalmente passare del tempo con un suo amico piuttosto che con te, si tratta di un pericolo che pertiene tipicamente al sentimento della gelosia. E dell'egoismo ad esso correlato.
Perché non esiste gelosia lì dove manca il sentimento del possesso egoistico.

Lo so che queste parole sono dure. Lo so perfettamente. So anche che una parte di te mi sta mandando al diavolo, perché non tollera l'idea che si possa amare qualcuno senza provare un sentimento di *sana* gelosia.
Qualcuno la chiama sana gelosia.
Ma sai dirmi che cosa è sano e che cosa è malsano?
E soprattutto: la sana gelosia è sana per te, o è sana anche per il tuo partner?

Perché se la cosiddetta sana gelosia è sana unicamente per te, significa che è una sana-**egoistica**-gelosia. E dunque la sorgente egoistica da cui promana non è ancora annientata.

Vedi, l'amore-in-sé è più o meno simile all'amore che puoi provare per uno psicologo. Probabilmente non ti piacerà sapere che lui dedica più attenzioni a un altro dei suoi pazienti, sottraendo quel tempo a te. Ma se tu ami davvero il tuo psicologo, significa che vuoi prioritariamente vederlo felice, e allora vuoi che sia felice di svolgere il suo lavoro al meglio, anche se il **meglio**, in quel preciso periodo, non sei tu, anche se fare il meglio significa dedicare del tempo a un essere umano che non sei tu.

Tu amerai davvero una persona quando sarai felice di sapere che quella persona sta amando a sua volta. E se quella persona, in quel preciso momento, *sta amando la compagnia di qualcuno che non sei tu*, il meglio che tu possa fare è rispettare il suo desiderio senza intrometterti. Naturalmente questo non è un invito ad assoggettarti completamente ai desideri dell'altro. Niente affatto!
Se noti che il tuo partner trascorre esageratamente più tempo con qualcuno che non sei tu, allora il problema non è più la tua capacità di amarlo:
il vero problema diventa la sua capacità di amarti.

Capisci allora che la gelosia è un sentimento tutto sommato irrilevante. Poiché quando la gelosia ha così tanta ragione di esistere, probabilmente ciò che non ha più ragione di esistere è la circostanza per cui essa è nata.
Vale a dire: se la gelosia è così tanto avvolgente, è evidente che il problema risiede in ciò che sta avvolgendo.

Sai, la moderna psicologia ha individuato quattro diversi stili di attaccamento. Ciascuno di essi può predisporre a una certa tendenza - più o meno marcata - alla gelosia di coppia.

I quattro stili di attaccamento sono:

1) Sicuro

2) Insicuro-evitante

3) Insicuro-ansioso-ambivalente

4) Disorientato-disorganizzato

Sai dirmi in quale di essi ti rispecchi?
Bada però che non dovrà essere un test asettico di natura psicologica che pretende che tu ti accontenti dell'etichetta e che, con quell'etichetta, tu ci conviva, e che al massimo tu la inserisca nella tua personale descrizione quando qualcuno ti chiederà di descriverti.
Queste nozioni non dovranno essere puramente informative.
Piuttosto dovranno essere nozioni informative e trasformative.
Voglio dire che se tu, nel riconoscerti in uno dei sottoesposti modelli di attaccamento, provi un senso di insoddisfazione o di scontentezza nei confronti di quel che hai appena scoperto, hai tutto il diritto di darti una mossa per *trasformare la tua collocazione,* cosicché alla prossima analisi tu possa riconoscerti in un modello diverso, in un modello che meglio rispecchi il tuo *sé ideale.* Devi impegnarti a creare una risonanza convincente tra il tuo sé attuale e il tuo sé ideale.

1) Sicuro.
I tratti che caratterizzano il primo stile di attaccamento sono generalmente questi:
fiducia in nelle proprie capacità e in quelle degli altri, certezza di essere amabile, assenza di paura dell'abbandono, buona capacità di tolleranza del distacco, anche quando prolungato.
La sua emozione predominante è la gioia.
La sua estrema fiducia in se stesso e negli altri fa sì che l'individuo **sicuro** non sviluppi sentimenti di gelosia, poiché i sentimenti di gelosia sono in genere determinati da una mancanza di fiducia.

2) Insicuro-evitante.
I tratti che caratterizzano il secondo stile di attaccamento sono generalmente questi:
convinzione di non essere amabile, tendenza a evitare la relazione per la previsione del rifiuto, buona fiducia in se stesso e scarsa fiducia nell'altro, talvolta appare cinico ed estremamente critico, buona concentrazione sull'importanza dell'indipendenza, della libertà e dell'affermazione personale. La sua tendenza all'autonomia fa sì che le sue relazioni sentimentali siano accompagnate da un certo distacco emotivo, e probabilmente nella forza di questo distacco risiede la capacità di saper reprimere il sentimento della gelosia, ma talvolta non sufficientemente da farlo cessare di esistere.

3) Insicuro-ansioso-ambivalente.
I tratti che caratterizzano il terzo stile di attaccamento sono generalmente questi:
convinzione di non essere amabile, paura dell'abbandono, sfiducia nelle proprie capacità a dispetto di una fiducia nelle

capacità altrui, scarsa o inesistente tolleranza nella gestione del distacco.
Per via della svalutazione del sé, le sue relazioni sono governate da un'insicurezza di base, dalla quale originano poi accessi emotivi di rabbia, gelosia e possessività.

4) Disorientato-disorganizzato.
I tratti che caratterizzano il quarto stile di attaccamento sono generalmente questi:
bassa autostima, scarsa fiducia in se stesso e negli altri, paura del rifiuto e conseguente evitamento dell'intimità. Questo è il modello che più si presta a sperimentare sentimenti rovinosi nelle relazioni sentimentali, quali ansia da prestazione e ansia da separazione, dipendenza dall'altro, alta gelosia.

Come dicevo, se ti sei rivisto particolarmente in uno di questi quattro modelli, non sei obbligato a restare trincerato in esso. Esci fuori dal riduttivismo intellettuale che vuole convincerti della permanenza irriducibile dei tuoi tratti caratteriali.
Niente è permanente nella vita. Tutto evolve, tutto è in continuo divenire. Tutto si trasforma continuamente.
Perciò non credere a nessuno che ti dica:
se nasci cattivo non puoi diventare buono!

Non è vero. Sta mentendo.
La bontà e la cattiveria sono due polarità opposte dello stesso magnete. E sai che cosa succede quando una persona viene letteralmente stravolta da un evento? È verosimile che la sua natura predominante si capovolga, sì, e che allora la polarità del magnete si inverta. Certo, è opportuno osservare che lo stravolgimento, cioè il cambiamento radicale della natura di una

persona, non avviene mai in un processo di leggerezza e sfioramento.
Lo stravolgimento può essere segnato da un processo doloroso, persino da un violento schiacciamento e da un insopportabile logoramento, se è necessario.
La trasformazione radicale è spesso brutale.
Ma esiste, dammi retta. La trasformazione radicale esiste.
E chi si dispone a sopportare con fiducia il dolore provocato dalla scossa trasformativa, lo vedrai, potrà vivere finalmente in una dimensione limitrofa alla dimensione dell'anima.

Se adesso ti riconosci nel temperamento geloso e senti che il tuo temperamento compromette negativamente le tue relazioni amorose, allora non ti resta che trasformarlo alla sorgente. Distruggi l'insicurezza, distruggi il desiderio di possesso, distruggi il desiderio di controllare ogni cosa, e vedrai che la gelosia si trasformerà in fiducia.
Alla distruzione segue sempre una trasformazione.
Alla **distruzione** segue spesso una **creazione** più evoluta.

Vorrei che tu fossi a conoscenza di un fatto straordinario. Hai presente quelle persone che sembrano leggerti dentro? Che sembrano intuire in anticipo ogni tua mossa?
Bene, quelle persone non hanno un talento particolare che tu non hai.
Il segreto di quelle persone è l'autoconoscenza.
Esse si sono studiate così a lungo, e così profondamente si sono conosciute, che adesso, come per incanto, pare conoscano meglio l'intera umanità. Vedi, qui non c'è esattamente un incanto.
Si tratta di un effetto collaterale dell'autoconoscenza.

Quando impari a conoscere te stesso, impari inevitabilmente a conoscere gli altri.

E questo accade perché tutti gli esseri umani sono dotati di *pattern* neuronali simili, e i pattern neuronali simili sono fonti di *pensieri* simili.

La struttura del cervello è la stessa.

Cambiano soltanto delle minuzie individuali, ma non cambia la scaturigine universale.

Ecco, ti potrei dire che le persone che si autoconoscono hanno imparato a riconoscere i cosiddetti *schemi universali di comportamento*.

Perciò non ti sorprendere se, nel percorso esplorativo che farai dentro te stesso, inizierai a comprendere sempre di più le persone che hai intorno.

E io te l'assicuro, quando imparerai a comprendere le persone che hai intorno, la tua gelosia sarà già sparita, perché quando conosci le regole del gioco, le regole del gioco sono gestite da te, non hai bisogno di temere qualcosa, tu sai già se una persona può farti *temere qualcosa* oppure no.

Effetto collaterale positivo dell'autoconoscenza, niente di più, niente di meno.

Capitolo 4: Cos'è l'autosabotaggio nelle relazioni? I segnali dell'autosabotaggio.

Ci hai mai pensato? La gelosia può diventare il miglior veicolo di espressione dell'autosabotaggio. Rovinare una relazione sentimentale per via della troppa gelosia. Beh, immagino che queste parole non ti suonino affatto nuove. Mi sbaglio?
Ma intendiamoci bene, la varietà dei sentimenti incriminati non è certo limitata alle diverse rappresentazioni della gelosia. Perché oltre alla gelosia, ciò che può determinare un vero autosabotaggio è la diffidenza ostinata, oppure la sottrazione della libertà, oppure la paura, e poi l'incapacità di tollerare la lontananza, l'incapacità di padroneggiare i fraintendimenti, e anche persino l'incapacità di sapere apprezzare la nostalgia, di sapere interpretare la *nostalgia* come il tappeto di lancio verso un potenziamento del desiderio di *ricongiungersi*.
Generalmente l'autosabotaggio è intimamente influenzato dal nostro processo di crescita. Ti stai chiedendo perché?
Beh, sto cercando di dire che tutti gli eventi che hanno segnato le tue principali fasi di crescita, oggi si ripercuotono ineluttabilmente sulla tua gestione dei sentimenti. Se in una fase cruciale della tua crescita, tu hai ricevuto un terribile rifiuto da parte dei tuoi genitori - un rifiuto che magari adesso non ti ricordi nemmeno - è altamente probabile che tu proietterai quel senso di rifiuto all'interno degli altri sistemi relazionali, perché evidentemente il tuo inconscio ha configurato il rifiuto come un *pericolo in agguato*.

E perciò, essendo premuroso, l'inconscio si premura che tu non debba fare ulteriori esperienze di quel rifiuto genitoriale, e mette in moto una serie di meccanismi di diffidenza, di paura e di evitamento. Il fatto è che talvolta il suo desiderio di protezione è incontrollato, capisci? E se la tua coscienza non riesce a limitare la premura del tuo inconscio, puoi certamente inciampare nella completa chiusura ai rapporti, nel ridimensionamento del cuore affinché il cuore possa nascondersi meglio e non venga sciupato da mani estranee.
Ricordi quando da bambino volevano proteggerti dal pericolo di un ginocchio sbucciato, e allora tu ti mettevi a correre con una certa malinconia?
I tuoi amici sembravano divertirsi sempre più di te, e tu stavi lì a domandarti come mai non riuscivi a divertirti come si divertivano loro. E la risposta ce l'avevi, dammi retta, ce l'avevi proprio dietro allo sguardo, nel retro dei tuoi pensieri, nella sagoma di una persona premurosa che tu non volevi deludere, e per non deluderla preferivi inibire il tuo desiderio di correre in totale libertà, preferivi controllarti.
Controllarti.
Ma che cosa avviene, quando la persona premurosa coincide esattamente con il nostro stesso inconscio?
Vedi, hai due modi di reagire: o accetti tutta la sua premura passivamente, oppure ti impegni ad adattarla sistematicamente ai tuoi desideri.
Innanzitutto devi diventare consapevole di quali siano le tue attuali barriere caratteriali che affondando le radici nei tormenti del tuo passato.

Dopodiché devi convincerti che è ancora tutto nelle tue mani, che tutto è ancora e sempre lì, pronto per essere rimodellato, riadattato, rivisto con gli occhi del presente e con gli occhi dell'aspettativa futura.

Cerca di memorizzarlo bene.

Le tue esperienze **segnanti** non creano *segni* **irreversibili e permanenti.**

I segni sono sempre reversibili e modificabili, d'accordo?

Il segno di una X tracciata su un foglio può, in ogni momento della storia, essere addizionato a due nuove linee laterali, generando due triangoli, può essere riempito di colore, e può trasformarsi così nella sagoma di una farfalla.

Perciò ti prego di non credere a chiunque voglia persuaderti del fatto che le esperienze segnanti diventino timbri incancellabili della tua personalità.

Tu devi prendere il controllo del tuo cambiamento.

Devi trovare accordi funzionali con il desiderio di protezione del tuo inconscio.

Riprenditi le esperienze che ti stavi negando per paura di rivivere gli antichi traumi.

I segnali dell'autosabotaggio sono essenzialmente relegati al campo delle insicurezze, delle ansie, e delle paure in generale.

Non ci sarà più niente che tu possa autosabotare quando riuscirai a ricucire i pezzi della tua autostima, della tua sicurezza e della tua autosufficienza emotiva.

Ti è mai capitato di avvertire un vago senso di nervosismo scorrere in certi circuiti del tuo corpo, situati più o meno fra lo stomaco e il cuore?

Voglio dire, ti è mai capitato di avvertirlo poco prima di incontrare la persona che destava in te un certo interesse?
Probabilmente ti si è scatenata anche una tachicardia graduale o repentina, ed è accaduto perché, si sa no?, quando l'energia non trova altre strade per scaricarsi all'esterno, si canalizza nella zona del cuore e ne aumenta la frequenza.
Ma come è possibile che un'energia *benevola* si trasformi in un sintomo *spaventoso*?
C'è davvero un legame tra il Bene e lo Spavento?
A mio avviso sì.
Sarà che è il bene *bloccato* a produrre spavento, perché il bene ha paura di non essere riconosciuto, il bene vuole essere notato da te, allora, quando vede che tu non lo riconosci, si insedia astutamente nelle zone che più catturano la tua attenzione, si agita nel cuore, e lì sì che si fa sentire, e lo muove, e dice, io sono qui, guardami, perché non mi ascolti?
Ma tu continui a sentire solo il segnale dello spavento, senza scavare attraverso il suono del tuo palpitare tachicardico, senza andare alla ricerca di un bene che vuole solo conquistare la tua attenzione.
E allora mettiamola così.
Quel nervosismo che tu immagini essere *ansia da prestazione* potrebbe essere invece un ottimo segno del fatto che stai *desiderando*.
Il cuore te lo dice forte e chiaro:
tu sei ancora in grado di desiderare!
Magari il suo palpitare è una maniera ostentata di complimentarsi con te, per il coraggio che dimostri nel buttarti a capofitto in una nuova esperienza.

Ci hai mai pensato?
Il cuore si vivifica attraverso il tuo coraggio di metterlo in gioco.
Il cuore non ti sta punendo.
Ti sta ringraziando.

I segnali che fanno scattare l'ansia: come riconoscerli e distaccarsi.

1) Sentirsi sfruttati

2) Paura di non piacere

3) Paura di non essere capiti

Diversa invece è la questione del male che imperversa nelle tue pareti cardiache.
Il sistema del palpitare cardiaco non è poi tanto diverso dal sistema della lacrimazione.
Come esiste il pianto di gioia e il pianto di sconfitta, così esiste il battito di esultanza e il battito del lamento.
Il cuore accelera sia per esultare che per lamentarsi.
Sta a te riconoscere la differenza.

Credi sia roba da poco?
E invece è tutto.
Riconoscere la differenza è ciò che fa la differenza.

Si tratta di diventare consapevole delle tue reali emozioni. Un compito arduo, s'intende. Forse è per questo che la natura ha creato una sintomatologia **simile** per emozioni completamente **diverse**:
ha creato una difficoltà maggiore di **discernimento** per renderci obbligatorio il lavoro di ricerca interiore.
Facci caso. La natura, in un modo o nell'altro, ci indirizza sempre verso una scuola di ricerca interiore. Come se fossimo nati prioritariamente per conoscere noi stessi, come se tutto il resto fosse accessorio, e tutti gli artifici umani non servissero ad altro che a conoscere noi stessi, come se tutte le attività, tutte le occupazioni, tutte le arti, tutte le passioni, e perfino tutte le ossessioni, non fossero che tante modalità diverse di guardarci sempre allo stesso specchio.

Anche adesso. Anche adesso che stai leggendo questo libro. Tu non stai conoscendo solo le parole dell'autore, tu non stai conoscendo solo le idee dell'autore, tu stai conoscendo le *tue* reazioni alle parole dell'autore, le *tue* reazioni alle sue idee, stai conoscendo i tuoi rifiuti e le tue approvazioni a certi schemi di pensiero, il meccanismo che fa scattare la tua stima e la tua disistima, stai conoscendo i tuoi errori di lettura, quando involontariamente inverti le lettere all'interno di una parola, stai conoscendo le tue associazioni di immagini, ogni qualvolta sovrapponi un'immagine a una parola.

Vedi allora, così puoi anche superare la paura onnipresente dello spreco di tempo, perché in fin dei conti ogni volta che crediamo di aver sprecato il nostro tempo in qualcosa di infruttuoso, noi in realtà quel tempo lo abbiamo impiegato per conoscerci, perché abbiamo finalmente compreso - mediante l'esperienza diretta - che cosa troviamo noioso, insoddisfacente, o perfino inutile.

Lo spreco di tempo non è mai insignificante.
Perché solo dopo aver appurato com'è fatta la pura sensazione dello *spreco*, solo dopo aver catturato la tua impressione precisa dello *spreco*, tu potrai avviarti verso tutto quello che ti ispira sul serio, e saprai veramente come dirigere la tua ricerca.

C'è un un universo di significati perfino nell'insignificanza.

E a proposito di conoscere te stesso,
ti sei mai interrogato su quali potessero essere i segnali che mettono in moto l'ansia sentimentale?
Possiamo cominciare adesso.
Ti suggerisco innanzitutto di prendere in esame l'idea dello sfruttamento.
Hai mai avuto l'impressione che qualcuno volesse passare del tempo con te solamente per sfruttarti?
Come se la tua compagnia non valesse la pena di essere vissuta autenticamente, come se qualcuno cercasse di estrarre una certa dose di *convenienza* dalla tua compagnia, e allora tu te ne stavi lì nel tentativo di sventrare l'inganno, te ne stavi lì a immaginare tutte le possibili utilità egoistiche che le persone potevano ricavare dalla tua compagnia, insomma, ti prefiguravi un po' tutti i possibili scenari che non prevedono la voglia sincera di passare del tempo con te. E ne trovavi sempre tantissimi, chissà come mai.

Come mai ne trovavi così tanti?

Perché ti appare così naturale l'idea di essere ingannato, e così innaturale l'idea di desiderare l'interazione pura con te?

Chiediti sempre se si tratta di un apprendimento condizionato.
Nel senso che questo pensiero potrebbe non essere un tuo pensiero, ma potrebbe essere un pensiero derivato da un condizionamento da parte degli altri.
Pensaci: qualcuno ha finto di essere affascinato da te, e poi hai scoperto che in realtà stava cercando una forma di *utilità* da te?
Bene. Prosegui con le domande. Non ti fermare.
Pensaci: perché sto estendendo a tutto il genere umano il presagio di essere ingannata? E se fosse un azzardo logico, quello di innalzare un'esperienza **parziale** a un possibile campo di esperienza **totale**?

Sai che ti dico? Tutto sommato, i rapporti tra gli esseri umani sono tutti mossi dal principio dell'utilità.
Persino sedersi a un tavolino in compagnia di una bella donna, solo per poterne ammirare la bellezza, è un comportamento mosso dall'utile, in quanto l'osservatore trae *beneficio* dall'osservare qualcosa di esteticamente gradevole, perché evidentemente ha *bisogno* di osservare qualcosa di gradevole, e magari quella persona è solo un veicolo di espressione della sua necessità.
Capisci che l'utile è presente un po' dappertutto?
Perciò non devi sentirti sfortunato se hai scoperto che qualcuno stava approfittando della tua compagnia per estrarne qualcosa di utile, senza pensare a quel che era utile per te.

Perché alla fine si tratta di questo: l'utile esiste e bisogna farsene una santa ragione, ma il minimo che si possa fare in una relazione sentimentale è precisamente far coincidere l'utile dell'uno con l'utile dell'altro, identificare il l'utile dell'uno con l'utile dell'altro, così che non si creino situazioni di squilibrio fra le parti. Tuttavia non è facile a farsi, e me ne rendo conto. L'atto di incastrare i pezzi dell'utilità necessita di un'operazione metodica e accurata, perché è raro che due esseri umani condividano lo stesso identico bisogno. Bisogna modellare certi bisogni, per adattarli.
Ma mi raccomando. Non fare dell'adattamento il motore delle tue relazioni.
Non sei tu che devi sempre adattarti agli altri: lascia che siano gli altri ad adattarsi a te.

Dopotutto, anche questo è modo di rendersi utile agli altri. Perché quando smetti di adattarti agli altri e attendi che siano gli altri ad adattarsi a te,
tu stai consentendo agli altri di *pensare*, di elaborare strategie che li abilitino all'adattamento, di azionare il cervello in maniera funzionale, per così dire.
Sì, tu, nella tua inazione, ti trasformi in un vero stimolo intellettivo.

Ma che ne dici di superare, prima di tutto, l'ostacolo della grande triade delle paure?
Paura di non piacere abbastanza.
Paura di non essere capiti abbastanza.
Paura di non essere abbastanza.

Bene, partiamo dall'inizio.
Tieni sempre presente che il concetto dell'abbastanza è un concetto del tutto relativo.
Ciò significa che se a qualcuno bastano tre parole per scrivere un aforisma di portata universale,
a qualcun altro devi dargliene almeno dieci, di parole. Insomma, se un aforista può trovare *abbastanza* tre parole, un altro aforista può credere che tre parole non siano *abbastanza*.
E allora non ti sorprendere se un giorno ti troverai dinanzi a un aforista maldestro che non ti considererà mai *abbastanza*.
Sono rari gli scrittori che si servono di poche parole per comporre capolavori.

Paura di non essere capito abbastanza?
Non ti riguarda. Dico sul serio. Non è necessariamente un tuo problema.

Mettiamola così. Tu da bambino hai imparato il significato di certe parole in base a come i tuoi familiari e i tuoi amici contestualizzavano queste parole. E il tuo partner, da bambino, a sua volta ha imparato il significato di certe parole in base a come i suoi familiari e i suoi amici contestualizzavano quelle parole.
Perciò ascolta: che cosa accade se i vostri rispettivi gruppi sociali contestualizzavano le **stesse** parole in modo del tutto **diverso**?
Accade che oggi voi siete vittime di fraintendimenti.
E non dovete sentirvene colpevoli.
Dovete semplicemente divenire *ricercatori attivi del vero significato delle parole che pronunciate.*

Paura di non essere abbastanza.
Vedi come sparisce dall'orizzonte delle tue paure, osserva tutto il suo vuoto di senso, tutta la sua inconsistenza, osserva quanto potresti sentirti libero se una mattina, sì, dico, se proprio domani mattina, tu ti svegliassi e dicessi: io non *devo* essere abbastanza.
Io devo essere. E basta.
Quel che basta o non basta agli altri non mi riguarda. Le loro convenienze non mi riguardano.
Io non devo essere abbastanza.
Io devo essere. E basta.

Come eliminare l'attaccamento e la paura dell'abbandono.

Certo, questo sentimento del non essere abbastanza, cioè di non *bastare,* di non essere una parola *sufficientemente* giusta per un aforista maldestro, ecco, questo sentimento può scattare in maniera decisamente intensa quando è già accompagnato da due sentimenti preesistenti:
l'attaccamento e la paura dell'abbandono.

Forse lo sai già, forse lo sai e non vuoi vederlo, ma la verità è che l'attaccamento è lesivo. Sempre. L'attaccamento è l'estenuante garanzia di una mancanza di indipendenza.
Una ventosa che si stacca dal frigo, crolla repentinamente a terra, e smette immediatamente di essere fedele alla funzione per cui è nata.
Una ventosa senza un attaccamento non ha utilità, non ha senso di esistere. Se ne sta a terra, giace come morta. Magari la ventosa ha ancora una buona carica di pressione per potersi attaccare ad altri oggetti, ma la ventosa non può nulla, se qualcuno non la

afferra, e se ne prende cura, e la mette a funzionare da qualche altra parte.
E adesso siediti, guardati dentro, e dimmi:
quante volte ti sei trasformato in una ventosa?
Quante volte ti sei identificato con un legame,
senza vedere che quel legame iniziava dentro di te e finiva ugualmente dentro di te?
Quante volte, appena il legame si è spezzato,
ti sei sentito spezzare anche tu?

Vedi, è qui, è tutto qui che si condensa il disastro dell'attaccamento. Nella tua incapacità di percepirti indipendente dall'oggetto che stai toccando.
È l'errore concettuale di vedere un *attaccamento* lì dove c'è semplicemente un *tocco*.
Un tocco, sì, un tocco che è impermanente, che può durare un attimo oppure una vita intera, ma non c'è attaccamento, l'incontro dei due oggetti non è vincolato da una forza irresistibile, capisci, la forza può disfarsi da un momento all'altro, la forza può diventare debolezza in poco meno di un istante, e tu devi saperlo. Tu devi saperlo.
Devi essere preparato.
E l'unica maniera per essere preparato alla ritirata della forza è allontanare dalla tua configurazione mentale **l'idea di dover appartenere a qualcuno.**
Tu non sei obbligato ad appartenere a qualcuno,
e talvolta non ti sarà conveniente neppure appartenere a te stesso.

Perciò taglia fuori dalla tua vita questa idea delirante di doverti *attaccare* a qualcuno per essere completo. O peggio, per essere felice.

Non c'è niente di più infelice per un essere umano che il vincolo, il sentimento asfissiante, da cui non puoi uscire, l'amore eterno è pura claustrofobia.

E allora l'attaccamento è un ingombro.

Non lo vedi anche tu?

Non senti com'è perfetta la brezza della libertà?

Il panorama di parole più insistenti è questo:
la libertà non può esistere dove esiste attaccamento.

Scegli tu. Dico davvero. Puoi scegliere.

Dove vuoi abitare per il resto dei tuoi giorni?

Nella prigione dell'attaccamento,

o nella libertà dell'autosufficienza?

Qual è la proposta più allettante?

Sappi che la paura dell'abbandono è una delle tante, inevitabili, conseguenze di un *radicale e radicato* sentimento di attaccamento.

Se ti metti in testa che la tua vita è assolutamente inscindibile dalla vita di un'altra persona, è chiaro che svilupperai un serio laceramento interiore quando il legame sarà definitivamente scisso.

E allora eccola lì, vedi come prende forma una nuova paura, inaugurata dall'attaccamento, accompagnata dall'insicurezza, applaudita a perdita d'occhio dalla dipendenza, ecco che si delinea, a poco a poco, la paura dell'abbandono.

Riesci a vedere in quale diavolo di catena t'
catena irresistibilmente costruita con i pri'
insufficienza.
In fin dei conti, bastava solo bastare a te stesso.

Ricablare se stessi per ripulirci dalla tossicità di
relazione. I problemi più comuni:
-Come rivedere se stessi sotto una luce nuova e positiva.
- come vedi gli altri
- come riconoscere i propri schemi.

Facciamo così. Proviamo a tornare indietro, fino al punto della tua vita in cui hai sperimentato per la prima volta il primissimo senso di *insufficienza*.
È accaduto forse durante una relazione tossica?
C'è stato qualcuno che ha iniziato a svalutarti così tanto, ma così tanto, che ti ha riempito la testa di informazioni svalutanti, fino a costruire una nuova mappa mentale in cui tu eri l'intruso di te stesso?
Beh, ti assicuro che puoi trasformare tutto.
Sai come funziona il cervello?
Use it or lose it.
Le moderne neuroscienze ci dicono che il cervello funziona così: se non usi a sufficienza una tua abilità, beh, la perderai! Use it or lose it.
E tu credi di aver usato a sufficienza
la tua abilità di guardare a te stesso
con gli occhi di un'anima
innamorata del suo veicolo corporeo?

, non è una passeggiata, ricablare il cervello. Ma la gente lo ...utti i giorni. E la gente utilizza il principio *use it or lose it* per ...uestioni mediche complicatissime. E funziona, puoi fare qualche ricerca in merito, vedrai che funziona.

Insomma, il fatto è questo: se ricablare il cervello funziona per problemi neurologici apparentemente gravi, tu immagina quanto possa funzionare per risolvere problemi più strettamente psicologici!

Dovrai occuparti di riorganizzare le tue mappe mentali. Proprio come si genera una nuova mappa mentale quando eseguiamo un'azione routinaria, per esempio quando ci svegliamo sempre alle sei del mattino per un mese, così ogni altra abitudine comportamentale o cognitiva determina la formazione di nuove mappe mentali.

Ti stai chiedendo se una relazione tossica possa aver contribuito alla formazione delle tue mappe mentali sbagliate?

Sì. Decisamente sì.

Una relazione si costituisce intrinsecamente sulla ripetizione di certi schemi di pensiero e di comportamento. E questa ripetizione di schemi determina chiaramente la costruzione di mappe mentali, come ti dicevo. Se un partner ti ripete tutti i giorni che "forse dovresti cambiare taglio di capelli" oppure che "forse dovresti perdere ancora qualche chiletto", puoi stare certo che questa ripetizione di parole non resta una semplice ripetizione di parole, ma si imprime, come dire, si timbra, si interiorizza, e si va a collocare nei circuiti della tua nuova mappa mentale in formazione.

Dapprima comincerai a notare con una certa assiduità certi difetti, se così vogliamo chiamarli, che prima ti risultavano impercettibili, ed è probabile che arrivi fino al punto in cui ti guarderai allo specchio, e incredibilmente comincerai a guardarti con i suoi stessi occhi.
E dimmi ora, quanto tempo intendi ancora passare a guardarti con gli occhi di una persona tossica?
Non ti sembra giunto il momento di spostare la tua prospettiva e di tornare alla percezione pura e non-condizionata dei tuoi occhi?
Secondo il principio *use it or lose it,* se per troppo tempo smetti di guardarti con i tuoi occhi e ai tuoi occhi anteponi gli occhi di un'altra persona, puoi certamente perdere l'abilità di guardarti in modo neutrale.
Ma non temere. Non è una perdita irreversibile.
Da qualche parte, su questo pianeta, ci sono persone che stanno recuperando l'abilità di camminare, l'abilità di leggere, e perfino l'abilità di deglutire.
E tu credi sul serio che tu non saresti in grado di recuperare l'abilità di guardare te stesso senza l'interferenza giudicante di occhi estranei?
Innanzitutto riprendi a usare questa abilità apparentemente smarrita.
Le prime volte potresti incontrare difficoltà, non ne dubito, è chiaro, è come riprendere a dormire regolarmente dopo mesi di insonnia cronica, i primi accenni di normalità non ti convincono, stenti quasi a crederci, perché ti eri persuaso del fatto che tu eri destinato a patire per sempre il sonno scoordinato, soltanto che poi arriva una notte, una notte straordinaria, in cui cominci a riscoprire l'assopimento serale, gli sbadigli in serie, gli occhi che

si socchiudono senza il tuo controllo, e capisci sottilmente che tornare indietro è sempre possibile. Sempre. Sei tornato indietro, sei tornato ai momenti in cui il sonno era quasi perfetto.
Bene.
Che aspetti a tornare ai momenti in cui la percezione di te stesso era *incontaminata*?
Te lo ricordi? Quando la tua percezione di te stesso non era ancora corrotta dagli ingombranti giudizi degli altri? Prova a fare uno sforzo mnemonico.
Non ti stancare di rovistare all'interno degli archivi della tua memoria. Tieni presente che la *perseveranza* premia sempre. Così, se perseveri nel ricordare esattamente come ti sentivi all'epoca, quando eri immerso nella tua percezione pura e incorrotta, è facile che inaspettatamente, tutt'a un tratto, chiudi gli occhi, apri gli occhi, ed eccoti, finalmente, riemerso dal passato, dritto dritto nel tuo presente. Eccoti finalmente in versione neutrale, in versione *sospensione-del-giudizio*, la versione cui dovrebbe ambire ogni essere umano dotato di raziocinio. Perché è fatta così la nostra percezione naturale, è naturalmente priva di quei canoni sociali che fanno coincidere un'asimmetria con una imperfezione: questa corrispondenza è un artificio umano.
Chi ha stabilito che la perfezione non possa essere asimmetrica? L'asimmetria è solo un rapporto di geometrie. E i rapporti geometrici non hanno la più pallida idea di che cosa significhi imperfezione.
Semplicemente esistono. Ed esistono in modi più ordinati o più disordinati.

Ma il disordine non è imperfezione.
È solo una variante.

Superare gli ostacoli per alleviare l'ansia:
come riempire il vuoto
creare una nuova realtà
evitare di darsi tutte le colpe

E te l'assicuro, come appena riuscirai a riconquistarti la tua originaria visione incorrotta delle cose, vedrai come tutto ti sarà accessibile a livelli inimmaginabili, credimi, tutte le soluzioni ti saranno disponibili, perché non avrai più il filtro dell'impotenza che ti hanno trasmesso gli altri!

Quando avrai bisogno di una soluzione, non partirai dalla premessa di "non essere *capace* a trovarla" o di "non essere *abbastanza* bravo a cercarla" perché non avrai più quei brutti fischi nelle orecchie, quei ronzii che hanno i ritmi delle voci umane, che ti caricano di impotenza e di limitazioni, e inevitabilmente ti ostacolano qualunque ricerca.

Adesso sei solo con te stesso.
Sei potente.
Sei senza limiti.
Sei irrefrenabile.
Sei libero.
Sei tu senza la contaminazione del giudizio estraneo.
Sei tu, nella dimensione dell'anima: la dimensione delle infinite possibilità.

Qualunque vuoto interiore che un tempo avevi creduto incolmabile, può essere colmato in un batter d'occhio nella dimensione dell'anima. Perché la dimensione dell'anima è così impregnata di vita, che vede esistere solo la pienezza vitale.
Dunque nessun vuoto è possibile, nella dimensione dell'anima. C'è solo la pienezza della vita.

Vedi, il vuoto non è altro che una metaforica condizione di *privazione*. Sentirsi vuoti significa sentirsi privati di qualcosa. Ma nella dimensione dell'anima non esiste privazione, perché esiste tutto ed esiste tutto insieme, nello stesso momento.
Non hai nemmeno il tempo di provare nostalgia, perché ti è già stata restituita la cosa che ti mancava. Capisci quanto potresti diventare potente, se in questa esistenza tu riuscissi a sintonizzarti con le vibrazioni della tua anima?

Tu dirai: sì ma come faccio a sintonizzarmi con le vibrazioni della mia anima?
E io ti dico: la risposta è da cercare nelle qualità più nobili che possa avere un essere umano.
Individua queste nobili qualità, mettile in azione, e ti troverai scaraventato nella dimensione dell'anima senza neppure una tua richiesta esplicita.

Funziona così con l'anima, o con l'inconscio, per usare un'altra parola convincente - forse perfino più convincente - dicevo, funziona così, l'inconscio ti ingloba all'improvviso, ti divora, e non sei tu a chiamarlo a te, è lui a decidere quando presentarsi a te, finché non impari a comprendere i codici del suo linguaggio.
I codici del suo linguaggio sono emozioni.
Emozioni inquiete, emozioni variopinte.

Le emozioni *pacate* o troppo *quiete* o troppo *ripetitive* sono invece una lingua straniera, per l'inconscio. L'inconscio ha bisogno di dinamismo.
Il linguaggio dell'inconscio è intrinsecamente dinamico. È fatto di una spinta al cambiamento che si agita e si agita fino allo sfinimento.
È senza tregua, il battito animante dell'inconscio.

Ma ecco, tornando allo snodo fondamentale, volevo dirti che non può esistere una vera condizione di *vuoto* quando sei in connessione col tuo inconscio, perché l'inconscio include tutto e il contrario di tutto, e perciò non può prevedere alcuna *privazione*.

Tieni presente che quando avrai riempito tutti i tuoi vuoti interiori, starai involontariamente creando una nuova realtà. Sì, starai creando la tua nuova realtà. Perché passare dalla condizione di *vuoto* alla condizione di *pienezza* comporta uno spostamento dei confini abituali. E uno spostamento dei confini abituali è sufficiente a modificare radicalmente la tua realtà abituale.

Nella tua nuova realtà a misura dei tuoi vuoti riempiti, scordati di tutte le cose che ti hanno sempre fatto soffrire. Puoi cominciare a sbarazzarti dei tuoi sensi di colpa, tanto per dirne una.
Quante volte ti sei incolpato per una relazione finita male? Quante volte hai preferito sentirti il carnefice laddove eri invece l'incontestabile vittima?

La tua vita è pervasa da sensi di colpa irriducibili? Pensaci. Ti sei mai sentito in colpa per la tua stessa felicità? Come quel giorno in cui ti è successa una cosa davvero fantastica, e tu eri tutto entusiasta, e volevi condividerla con le persone che ami, ma poi le hai osservate meglio, le persone che ami, e hai deciso di tenerti tutto per te, perché quelle persone non erano felici, e probabilmente non sarebbero state felici nemmeno per te. In te già si agitava un indomabile senso di colpa, che faceva più o meno così: se non potete essere felici tutti, tanto vale che non sia felice nessuno, e se proprio io devo essere felice, mi sforzerò di essere felice in solitudine.

Così la tua felicità era costretta a comprimersi, come dire, si doveva adattare alla condizione dell'isolamento, felicità, vera felicità, ma anche vera sensazione di *spreco*, e vero senso di *colpa*, quasi come se rimproverassi a te stesso il tempismo della tua felicità, colpevole di non essersi sincronizzato al tempismo della felicità degli altri.

Sicurezza e stabilità nelle relazioni: rendi la tua mente calma affinché la tua relazione possa stabilizzarsi su un piano più produttivo
-Come gestire le emozioni
-Come riconosco i miei sentimenti
-Come fare amicizia con i propri pensieri

Ormai è un dato di fatto. Noi non facciamo altro che proiettare all'esterno quel che abbiamo dentro. E questo significa precisamente che quando ci sentiamo inquieti e agitati, non è raro che l'inquietudine e l'agitazione si manifestino sulle cose con cui veniamo a contatto. Pensaci: se stai tremando di nervosismo, e

tocchi una tazzina di caffè, la tazzina di caffè si sintonizza con la tua emozione negativa e comincia a tremare nelle tue mani. Tu diventi il motore di un'emozione negativa. Ma non credere che questo meccanismo funzioni soltanto quando avviene un contatto diretto, e cioè per toccamento, scontro o incontro. No.
Questo meccanismo di proiezione emozionale funziona benissimo anche a un livello più sottile. Ciascuno di noi è un campo energetico molto potente, e altrettanto potentemente irradia all'esterno le emozioni più violente che pervadono il suo campo energetico. Così, se sei pervaso da una violenta rabbia, non ti sorprendere se andrai in giro a seminare sentimenti negativi. E non ti sorprendere se tutti ti tratteranno male, quel giorno in cui tu stesso non avrai saputo trattare con i tuoi sentimenti negativi. Quel *trattarti male senza una apparente ragione* potrebbe essere un modo che l'universo ha di metterti di fronte alla negatività di cui ti sei fatto portatore provvisorio. Come a dire: guarda! Guarda quanto si espandono a macchia d'olio, i sentimenti negativi che custodisci dentro!
Che aspetti a liberartene?

In effetti, se tu riesci a diventare una persona tendenzialmente grata alla vita, fiduciosa, piena di volontà di creare, di esprimersi, di fare esperienze, stai pur certo che diventerai un centro di coscienza positivo anche per chi ti attornia. E osserverai come, da un atto egoistico - essere felice senza danneggiare gli altri - si genererà un atto estremamente altruistico. Mantenersi *positivi nonostante tutto* è forse l'atto più altruistico che tu possa scegliere di fare, perché è la chiave dell'egoismo più difficile da capire, di un egoismo che vive intersecato all'altruismo.

Quando le tue relazioni ti sembravano sempre instabili, ti sei mai chiesto com'era invece il movimento della tua mente?
Se la tua mente è instabile, è veramente possibile che la tua relazione sia ugualmente instabile, perché ne risente il centro energetico creato per condivisione con il tuo partner.
La tua mente sta agendo anche quando ti sembra inattiva.
La tua mente non smette mai di emanare i suoi influssi negativi o positivi sulle cose, sulle persone e sulle circostanze che incontra.
La tua mente può investirle interamente, mentre tu sei lì ad arrovellarti il cervello per capire come mai le cose intorno a te vadano sempre così dannatamente male,
e non vedi che stai solo proiettando il malessere che si è impossessato della tua mente.
Ma allora, se diamo per vero questo assioma, significa che se trasformiamo le nostre emozioni negative in emozioni positive, cioè se trasformiamo per esempio l'instabilità mentale in stabilità mentale, allora è possibile che anche la nostra relazione si stabilizzerà?
Beh, io non lo escluderei.

Provaci. In fondo, che cos'hai da perdere?
Che cos'hai da perdere se non la negatività delle tue emozioni?

A questo punto forse ti domanderai come sia possibile trasformare le emozioni negative in emozioni positive.
Bene. Ti faccio un esempio pratico.
Una persona sta ridendo a crepapelle fino alle lacrime. Ride e piange.
Se qualcuno arriva proprio mentre quella persona ha smesso di emettere i suoni della risata e restan manifeste soltanto le

lacrime e il rossore del viso, probabilmente si avvicinerebbe per consolarla, pensando a chissà quale grande pianto.

Trasformare un'emozione negativa in un'emozione positiva, e viceversa, può essere facile come alterare semplicemente il **contesto** in cui si rivela quell'emozione.

Dico davvero. Trasformare un'emozione può essere più facile di quanto ti abbiano fatto credere finora.

Ma tieni a mente che prima di **trasformare** occorre **riconoscere**.

Insomma, se non sei allenato a riconoscere le tue emozioni potresti facilmente confondere un'emozione con un'altra, e allora non sapresti bene esattamente che cosa devi andare a trasformare.

Allenarsi a riconoscere le emozioni, beh, questa è paradossale la parte più difficile.

È una scansione, una vera operazione di ricerca minuziosa. È sufficiente scorgere un dettaglio nel posto sbagliato ed ecco che la totalità del riconoscimento viene meno, e l'emozione che credevamo di aver catturato si rivela essere un'emozione completamente diversa da quella che realmente stiamo scansionando.

Riconoscere le proprie emozioni è possibile anche imparando a riconoscere quelle degli altri, in un certo senso, si potrebbe immaginare un lavoro di riflesso, per così dire, e cioè partire dalle emozioni degli altri per estenderle alle proprie emozioni.

Ma è valido anche il percorso inverso.

Potresti individuare nelle tue emozioni alcune caratteristiche universalizzabili, ed estendere così l'autoriconoscimento emozionale interiore al riconoscimento emozionale esteriore, come se tu prolungassi l'estensione delle tue stesse emozioni, e vedessi come esse si riflettono anche negli altri, perché in fondo abbiamo tutti quanti la stessa matrice psichica.

C'è un esercizio che io trovo molto utile a riconoscere le tue emozioni. Ad esempio, sono sicuro che in futuro ti capiterà di leggere uno dei cosiddetti *flame* sui social network, e so che puoi lasciarti prendere la mano e scorrere compulsivamente fra i commenti, finché non trovi qualcuno che ti faccia pensare: diamine, lui sì che ha ragione! oppure: diamine, lui è in torto marcio!

Bene, voglio che in quei momenti di *infiammazione* **riflessiva**, dove cioè cerchi te stesso nel **riflesso** del pensiero altrui, consolidato in un commento, voglio che tu ti fermi, e ti metti a pensare a quello che stai realmente cercando nei commenti, e non a quello che hai trovato nei commenti.

In poche parole, vorrei che tu concentrassi la tua attenzione non sullo specchio, ma sul meccanismo del tuo *specchiarti*.

Quando finalmente trovi il commento che ti fa sospirare di sollievo, come a dire, bene finalmente qualcuno con un cervello!, ecco vorrei che tu ti interrogassi su quali sono i parametri di un'idea giusta. Cioè, che cosa fa scattare in te il meccanismo simpatizzante per quell'idea precisa.

E soprattutto che cosa fa scattare in te il meccanismo della disistima per l'idea contraria.

Perché alzi un sopracciglio ancora prima di leggere un commento? Perché è sufficiente una fotografia nell'icona rimpicciolita a destarti un sentimento di antipatia? Chi c'è esattamente in quell'icona?

Ci sei tu? C'è una parte di te che *detesti*?
Una parte di te cui *ambisci*?
Una parte di te che *detesti* perché detesti *ambirci*?
O forse c'è una sagoma che ricalca un ricordo sgradevole, chissà magari lontano nel tempo.

Osservati. **Osservati nei momenti di maggiore coinvolgimento emotivo.** Sono precisamente quelli i momenti che rivelano la verità delle tue emozioni. Ma l'offuscamento provocato dall'emozione ti impedisce di attraversarne il significato. Ecco perché devi, in qualche modo, uscire fuori di te, e metterti a osservare dall'alto le tue emozioni.

La puntualità è indispensabile, perché se decidi di spostare avanti nel tempo quest'analisi, e cioè se decidi di analizzare scavando nella memoria, mettendoti a ricordare le emozioni provate, non avrai mai la stessa percezione pura e inalterata dell'emozione presente nella sua immediatezza.

L'emozione ricordata è già vittima dell'interpretazione del ricordare, e perciò non è mai uguale all'emozione vissuta nell'immediato.

Hai mai pensato di fare amicizia con i tuoi pensieri? Cioè, di mettere finalmente un punto a quell'eterna inimicizia che separa il pensiero dall'emozione.

Chi ha detto che il pensiero non può convivere pacificamente con l'emozione?

Vedi, è il pensiero in sé non è mai stato un problema come vogliono farci credere le frasi proverbiali più famose.

Spesso gli scrittori dimenticano di specificare che il problema vero risiede soltanto nell'eccesso.

E dunque nell'eccesso di pensiero, nell'overthinking.

Quando invece il pensiero accompagna un'emozione e anzi, le garantisce anche un certo grado di memorabilità, magari scandendo i ritmi di quella emozione, oppure associandola a qualche emozione già conosciuta, oppure anche solo formulare il pensiero: wow, questa emozione è completamente nuova per me!

Beh, dove vedi il nemico in un pensiero tanto innocuo?

Smetti di lottare contro qualcosa che ti appartiene per natura.

Smetti di lottare contro il pensiero. Siamo stati progettati per pensare.

Ma non siamo stati progettati per eccedere.

È una legge tutto sommato giusta, non trovi?

Non è che la natura ci metta a disposizione qualcosa solo per il gusto di privarcene. Questo è sadismo.

La natura ci chiede soltanto di padroneggiare con cura ed *equilibrio* gli strumenti che ci mette a disposizione.

Capitolo 5: La formula magica per gettare le basi della solidità nella coppia. Le regole d'oro della comunicazione di coppia.

- **Comunicazione produttiva**
- **Impara l'ascolto attivo**
- **Come esprimere le mie esigenze**
- **Empatia**
- **Chiedere in modo consapevole**
- **Come accettare le critiche**
- **Gestione della rabbia**
- **Affrontare insieme i problemi**

Per costruire una buona solidità nella coppia è fondamentale costruire una buona solidità nella comunicazione. Una pessima comunicazione predispone alle peggiori forme di disgregazione, di appiattimento, di conflitto, e perfino di rottura, all'interno di una coppia. Perciò è bene lavorare sull'affinità comunicativa, ed è bene impegnarsi a potenziarla sempre di più, fino ad arrivare finalmente alla prevenzione dell'ostacolo più temibile: il *fraintendimento*.

Il fraintendimento non è un affare da poco, intendiamoci. Il fraintendimento sottolinea una diversità di *intendimento*, e una diversità di intendimento fra due persone può generare i peggiori conflitti fra due persone, perché è come se si inviasse un impulso

A e la persona ricevesse un impulso Z, col risultato che il discorso complessivo può sfasarsi del tutto, perché è sufficiente che una sola parola venga interpretata in un senso diverso per alterare il senso dell'intera frase in cui quella parola è contestualizzata. Una sola parola compromessa è uno sfregio di tutto il contesto, e allora è facile che un contesto logoro, per così dire, possa generare azioni-reazioni logoranti in una coppia.
Per evitare il fraintendimento occorre stabilizzare una comunicazione produttiva, e per stabilizzare una comunicazione **produttiva** c'è bisogno di sapere *esattamente* che cosa s'intende **produrre** con le parole.
Insomma, c'è bisogno di risalire all'intenzione che preesiste all'espressione linguistica.
E non è facile, naturalmente, perché spesso l'intenzione va intuita, va captata, va rintracciata attraverso una connessione profonda con l'interlocutore, e non va certo elaborata attraverso la via dell'intelletto.
Un buon metodo tuttavia è quello di imparare a leggere le intenzioni dell'interlocutore dalla sua espressione del volto e dalla sua gestualità.
A patto che le sue espressioni del volto e le sue gestualità si ripetano con una certa ricorrenza, e cioè siano *caratteristiche* dei suoi movimenti mentali. Voglio dire: se ad esempio tu noti che il tuo partner esprime **sempre** sentimenti di rabbia scuotendo **sempre** la stessa mano, è chiaro che, se un giorno dovesse parlarti di qualcosa e tu non ne capissi l'intenzione, dovrai prestare attenzione anche alle sue possibili simultanee scosse della mano.

E questo procedimento può estendersi a qualsiasi micro gestualità che assume un certo carattere di ripetizione nel tempo e di ricorrenza nei contesti. Qualcosa che può essere standardizzato, catalogato, e assunto come gesto o espressione che va a coniugare sempre un certo sentimento, per meglio dire. Ovviamente non credere che questo metodo sia sempre valido. Ci sono variabili che costituiscono le eccezioni. Ad esempio, se il tuo partner ti parla di un argomento tranquillo e poi nello stesso momento assume un'espressione di rabbia - o fa un gesto di rabbia - non è detto che la rabbia manifestata sia direttamente connessa a quello di cui ti sta parlando. Anzi, è possibile che nel suo inconscio ci sia tutt'altro. Magari il linguaggio del suo inconscio sta parlando di tutt'altro, mentre il linguaggio della sua coscienza sposta l'attenzione su un argomento tranquillo. Insomma, è bene capire che l'argomento che sta trattando in quel preciso istante non deve essere necessariamente connesso al sentimento di rabbia che sta contemporaneamente esprimendo gestualmente.

Un'altra strategia per evitare il fraintendimento è proporre un gioco. Un gioco che può chiamarsi "affinità di contestualizzazione".
Praticamente voi vi appuntate quattro o cinque parole - parole che usate spesso - su un foglio di carta, e per ognuna di quelle parole dovete comporre una frase. Cioè dovete contestualizzare ognuna di quelle parole. Dovete inventare un contesto personalizzato per le stesse parole.
Quando avrete finito di scrivere le frasi con incluse le parole-chiave, allora confrontatevi.

Cercate di capire se le **stesse** parole hanno lo **stesso** significato per entrambi.

Perché vedi, il guaio della comunicazione, nonché il motore del fraintendimento, è la dissomiglianza dei significati che diamo alle stesse parole.

Se in una parola **uguale** inseriamo un significato completamente **diverso,** perché magari noi abbiamo sentito pronunciare quella parola in contesti **diversi** rispetto a quelli del partner, allora non ti sorprendere che l'intero edificio dialogico ne sarà stravolto. Basta poco, è proprio così.

Un'altra mossa indovinata per una buona comunicazione è imparare l'ascolto attivo.

Ascoltare attivamente significa **partecipare** emotivamente e intellettualmente al discorso del partner, e non soltanto limitarsi al sentire sensorio.

La partecipazione è molto più impegnativa.

Ecco perché frequentemente ci troviamo ad esserne in difetto. La partecipazione è una forma di *comunione verbale*, che però oltrepassa la fredda *comunicazione verbale*. Con la partecipazione non ascolti una storia, ma entri dentro alla storia; con la partecipazione non ascolti la descrizione di un sintomo, ma provi sotto la pelle quel sintomo.

Capisci quanto è impegnativo questo tipo di ascolto? C'è il rischio di provare finanche lo stesso dolore nel solo atto del sentirlo narrare.

Voglio dirti che grazie agli esercizi di contestualizzazione riuscirai ad esprimere meglio le tue esigenze, puoi crederci?

Quando capirete il grado di affinità fra le vostre espressioni, cioè fra le vostre modalità di esprimervi, sarà più semplice esprimere (per l'appunto) le vostre esigenze senza la minaccia incombente di essere mal interpretati.

Per comunicare in maniera significativa è poi letteralmente essenziale la presenza dell'**empatia**.

È l'empatia che vi consentirà di scambiarvi i ruoli.
Tanto per fare un esempio, se c'è una situazione che crea disagio al partner, è possibile che tu sperimenti lo stesso disagio del tuo partner, identificandoti nella sua percezione di circostanza - senza però soffrirne con lui. È tuttavia fondamentale **comprendere**, e per comprendere si richiede una buona dose di immedesimazione, immedesimazione ed empatia.

Se un giorno tu dovessi accorgerti che non riesci a stabilire un rapporto di empatia, vorrei che tu ricordassi che non è per forza una tua responsabilità.
Se non si crea la sintonia giusta, non iniziare a colpevolizzare te. Inizia piuttosto a considerare l'opzione che esistano domini linguistici, domini cognitivi e domini emozionali letteralmente **incompatibili**. E che sì, nel corso della tua esistenza ti troverai anche a rapportarti con questi ultimi, fosse anche solo per capire di che sostanza è fatta l'incompatibilità.

Fra gli altri ostacoli alla comunicazione consapevole c'è l'incapacità di accettare e tollerare le critiche. Sia chiaro, essere dotati di una buona autostima è assolutamente vantaggioso. Così come essere incapaci di mettersi in discussione è assolutamente svantaggioso.

L'errore, che sia errore di ragionamento o di intuizione, o di presentimento, è solo un frammento isolato della trama complessa di una persona. Quindi non aver paura dell'errore: esso non ti qualifica, non ha il potere di qualificarti.

Un buon metodo per imparare ad accettare benevolmente le critiche consiste nell'allenarsi all'autocritica. Insomma, se ogni volta che tu ricevi una critica tu sei già a conoscenza del tuo **limite** perché quel tuo limite l'avevi già scandagliato abbastanza nella tua personale autocritica, ti assicuro che non sarai minimamente scosso dalla critica che ti verrà mossa: sarai anzi preparato all'eventualità di quella specifica critica. E quando sarai corretto o redarguito o rimproverato per l'errore, potrai rispondere che ci avevi già pensato tu! Quando sarai giudice di te stesso ti disporrai spontaneamente in uno stato d'animo più sereno, più aperto al confronto e alla critica, perché quando sei consapevole dei tuoi limiti puoi prevedere perfino l'interpretazione che gli altri avranno dei tuoi limiti.

Non ti sembra l'introduzione di un cambiamento meraviglioso?

Quando imparerai ad accettare le critiche, sarà pressoché immediato (o quasi) il vantaggio di una gestione emozionale più mirata. Vale a dire, se un tempo avevi problemi a controllare l'emozione della rabbia o del risentimento verso coloro che ti criticavano, quando riuscirai a entrare nella nuova condizione di giudice dei tuoi stessi limiti, potrai osservare come le tue pulsioni di rabbia saranno sempre più attenuate, sempre più deboli. Perché come tutte le correnti pulsionali, anche quelle della rabbia derivano da una scarsa consapevolezza di sé.

Ecco dunque che, più acquisirai consapevolezza di te, più saprai come liberarti degli impeti dettati dalle pulsioni malsane.

Non sottovalutare mai il potere rigenerante della *consapevolezza*. Ti è mai capitato di osservare una persona che ha subito una trasformazione radicale in poco tempo, tanto da sembrare che fosse diventata addirittura *un'altra persona?* Bene, io sono abbastanza sicuro che, se ti metti a indagare per bene, nella interiorità delle persone rigenerate, puoi notare come il loro cambiamento sia stato determinato dal raggiungimento di una nuova *consapevolezza*.
Nessuno resta incolume dopo l'incontro con la consapevolezza, stanne pur certo. Nessuno resta la stessa persona dopo aver scoperto e raggiunto la consapevolezza.

E sempre parlando di consapevolezza, se si parla di una coppia, è bene che questa consapevolezza sia sufficientemente *condivisa e condivisibile*. Ciò significa che per affrontare insieme i problemi di coppia è necessario un livello di consapevolezza più o meno equivalente. Se il tuo partner presenta uno scadente livello di consapevolezza, e tu invece stai ambendo a livelli sempre più alti di consapevolezza, non puoi pretendere che il tuo partner possa sintonizzarsi facilmente con la tua gestione dei problemi.
Anzi, quasi sicuramente sorgeranno discordie e disarmonie in concomitanza al sorgere dei problemi, perché **sono proprio i problemi che evidenziano meglio le vostre discrepanze di volontà di miglioramento e di impegno attivo.**

Quando hai a che fare con una persona che non ha nessuna intenzione di rivedere le sue convinzioni, e tu invece sei sempre pronto a metterti in discussione per qualsiasi cosa, tu puoi certamente **scendere** al livello di consapevolezza del tuo interlocutore perché sai immedesimarti nell'atteggiamento rigido di chi ha paura del cambiamento, ma il tuo interlocutore non può **salire**
al tuo livello di consapevolezza, perché la sua rigidità gli impedisce anche il processo di immedesimazione in qualcosa di più vasto.

In sintesi, il grande può rimpicciolirsi a volontà e tornare grande, il piccolo non può ingrandirsi a volontà e tornare piccolo.

E naturalmente, anche quando il grande si rimpicciolisce, non è detto che questo movimento lo faccia stare bene, perché deve continuamente inserirsi in confini che non gli appartengono più, e chiaramente questo può disorientarlo, può stordirlo.

È chiaro perciò che non puoi trascorrere troppo tempo con qualcuno che ti obbliga a rimpiccolirti, e che cioè ti obbliga a comprimere l'estensione della tua consapevolezza già formata, cui tanto hai faticato per ottenerla. non solo perché ti sforzi e ti sottrae energia, ma anche perché rischi di dimenticarti il livello a cui sei salito, a furia di scendere sempre in basso per conciliarti con il livello basso del tuo interlocutore. Va bene essere clementi però pensa anche al tuo bene, perché il tuo bene è l'elemento fondamentale per creare il bene intorno a te.

Come puoi fare del bene agli altri in una condizione di immiserimento interiore? La tua consapevolezza espansa è un'arma potentissima per generare il bene da diffondere a chi ti sta intorno. Invece la tua consapevolezza compressa e limitata, ti limita anche la possibilità di fare il massimo del bene che puoi fare agli altri.

Vedi, talvolta bisogna scegliere seguendo la legge dei grandi numeri, e cioè: se tu devi dedicare la tua intera esistenza a una sola persona e trascurare l'intero pianeta, forse non è la scelta giusta. È un po' come quando la possessività di un partner ti impedisce di frequentare chiunque al di fuori di lui. È un meccanismo malsano non solo perché limita la tua libertà ma perché egoisticamente egli non pensa a tutto il bene che le altre persone potrebbero ricevere dalla tua presenza, della tua semplice compagnia, da un semplice scambio di parole con te. Allora forse il tuo partner non ha poi tutta questa alta considerazione di te, se non ti ritiene importante per il processo evolutivo delle altre persone? Che dici?

Parliamoci chiaro, se una persona ti stima non ti limita l'espressione, perché la ritiene preziosa, la tua espressione, e questa tua espressione deve necessariamente misurarsi con dei destinatari.
Ergo, devi necessariamente interagire con altre persone oltre al tuo partner. Non basta interagire solo con il tuo partner, non credi?
Abbi sempre il coraggio di mettere la libertà al primo posto.

Capitolo 6: Come gestire un rifiuto o la fine di un rapporto duraturo.

Il rifiuto è sempre una forte provocazione all'autostima, perché assume la forma di enormi interrogativi sulla tua persona. Inizi a chiederti sempre più frequentemente che cosa ci sia di sbagliato in te, che cosa ci sia di tanto sbagliato da giustificare la tua suscettibilità ad essere rifiutato.
Una delle reazioni più immediate è certamente quella di sentirsi responsabili di un rifiuto. E questa reazione provoca naturalmente degli scompensi a livello emotivo, perché spinge ad una valutazione critica, per non dire iper critica, rivolta alle tue componenti distintive. Passi il tempo a chiederti se i tuoi tratti distintivi, caratteristici, per così dire, siano i veri responsabili di quel rifiuto. Magari rivaluti completamente alcuni aspetti della tua personalità che ti sono sempre piaciuti, ma che dopo il rifiuto cominciano a prendere sembianze mostruose, e così comincia l'indagine auto svalutante alla ricerca di quel tratto distintivo che risulta sufficientemente sgradevole agli occhi dell'altro. Il guaio è che durante questa indagine si inciampa con estrema facilità nei peggiori errori diagnostici: presi dalla necessità di scovare il nostro lato oscuro, ci dimentichiamo di tutte le cose che splendono. E allora cominciamo a diagnosticarci difetti che prima di quel momento non avremmo mai nemmeno catalogato nella lista universale dei difetti. Questa ricerca auto svalutante può in sintesi condurre a una serie di comportamenti reattivi controversi: da un lato potresti cominciare a voler stravolgere le tue caratteristiche fisiche e mentali più immediatamente visibili

allo sguardo esterno, con il risultato di desiderare interventi mirati alla trasformazione estetica e interiore; dall'altro lato potresti sviluppare una tendenza compulsiva a cercare gratificazioni e conferme ai tuoi punti di forza, e di metterti a cercarla in qualunque situazione ti trovi, questa gratificazione, col risultato che ogni evento diventa *egoriferito* e quasi perdi la capacità di guardarti intorno, perché ogni sguardo ti comunica solo qualcosa che riguarda te, tutto questo si traduce in una perdita provvisoria della curiosità per l'altro: l'altro viene usato solo in funzione del tuo riconoscimento.

In ogni caso si tratta di comportamenti disfunzionali, in quanto si fondano, già a partire dalle loro premesse, sul presupposto di un'autostima inefficace e debole.

Nel momento in cui deleghi allo sguardo dell'altro il potere di orientare la percezione di te stesso, stai già comunicando una debolezza della tua autostima.

Dov'è finito il tuo potere decisionale per le cose che ti riguardano così da vicino? Ci devi convivere tutta la vita con la tua autostima! Come puoi lasciar decretare agli altri la dose di autostima che ti tocca?

Una ottimale gestione del rifiuto dovrebbe evitarti questo stadio di comportamenti disfunzionali. Nel momento in cui impari a gestire il rifiuto, stai pur certo che non potrai più ricadere nel circuito della svalutazione. Perché saprai perfettamente che il rifiuto non è necessariamente legato a un tuo particolare difetto insopportabile, ma può dipendere da fattori decisamente estranei al tuo essere.

Gestire un *rifiuto* significa accettare il fatto che le cose luminose non sempre vengono apprezzate da chiunque: ricordati che esistono persone intolleranti alla luce, e che perciò *rifiutano* l'esposizione alla luce per evitare il fastidio, ma tu avresti mai il coraggio di affermare che è un problema della luce?
E allora perché ti ostini sempre a pensare che il problema sia tu? Perché non valuti te stesso come luce, e perché non valuti coloro che ti rifiutano come individui intolleranti alla luce?

Basta poco. Basta spostare l'attenzione del problema, basta chiarire a te stesso che il problema non sei tu. Il problema non sono neanche gli altri.
Il problema è l'interazione.
Il problema è la connessione fra due melodie che, *isolatamente*, valgono tantissimo, ma se *avvicinate*, si immiseriscono. Perciò il rifiuto è una buona occasione per chiarire a te stesso un concetto: bene, almeno mi risparmio l'immiserimento dovuto alla vicinanza a qualcuno di male incastrabile con me.

Se il problema risiede nella connessione fra due parti, non c'è niente che tu possa recriminare a te stesso, e neppure all'altro: questo è fondamentale per evitare situazioni di rancore e risentimento che condizionerebbero negativamente la tua disposizione d'animo.

Un discorso analogo andrebbe fatto per la fine di una relazione duratura. C'è la tendenza diffusa a cercare colpe dappertutto, per poter meglio giustificare la fine di una relazione a lunga scadenza. Ma la verità è che non sempre esistono colpevoli. La verità è che entrambi potete essere innocenti, perché entrambi siete soggetti al dinamismo della mente, che è in continua evoluzione, e talvolta capita che in una coppia qualcuno subisca un'evoluzione più rapida rispetto all'altro, e questo disquilibrio genera presumibilmente una rottura dell'equilibrio anche nell'interazione, perché la comunicazione segue le linee evolutive del pensiero. Se una struttura di pensiero si proietta più avanti di quella del suo interlocutore, ne sarà condizionata anche la struttura del linguaggio, e quindi della comunicazione, ed ecco che nasceranno i primi fraintendimenti.

E si sa, la reiterazione del fraintendimento preannuncia spesso una drastica fine.

La fine di una relazione non indica che tu o il tuo partner siete cambiati in peggio, indica semplicemente che siete cambiati, e siete cambiati in modo non armonico. Fa parte dei ritmi della vita, ritmi biologici che poi diventano ritmi mentali, questa è la radice del cambiamento.
Si potrebbe parlare di un'aritmia del vostro cambiamento interiore: niente di meno e niente di più. Che cosa fai quando hai un'aritmia cardiaca? Te la prendi forse con te stesso?
Oppure comprendi che c'è stata un'alterazione del ritmo, indipendente dalla tua volontà?
Prova a vedere la fine di una relazione come l'epilogo di una crisi aritmica che nasce nel *cuore* del cambiamento. Il vostro cambiamento non si è incontrato. E va bene anche così. Puoi accettarlo?
Puoi accettarlo.

La paura di non piacere più e la riconquista del tuo partner.

Fra le principali e fra le più pericolose reazioni di autosvalutazione spicca quella di sentirsi *sgradevoli agli occhi degli altri*, come se non si potesse piacere più a qualcuno, come se non si potesse essere più attraenti. Ti è mai successo?
Come è terribile la fantasia di estensione della mente umana! Di fronte al ricevimento di un solo rifiuto su miliardi di possibili accettazioni che potresti ricevere, la mente estende il rifiuto, un'estensione mondiale, e crede di poter essere rifiutata dal mondo intero!

Com'è possibile che tu non riesca a concepire che esiste un universo di infinite possibilità che non hai ancora esplorato? Perché non immagini la marea di apprezzamenti che vivono in latenza, da parte di persone che forse non incontrerai mai nella tua vita?

Forse la tua mente è completamente occupata dal desiderio di riconquistare il tuo partner.
È possibile?
Beh, chiediti se si tratta di un desiderio vero, autentico, oppure se si tratta di una riconquista di una sicurezza in te stesso. Cioè, il tuo desiderio di riconquistare il partner nasce da un'esigenza sincera di amore, oppure nasce dalla sfida rivolta a te stesso, dal desiderio di mettere nuovamente alla prova le tue abilità di conquista?

Il discernimento dei tuoi stessi desideri è prezioso, fidati. Potresti scoprire lati di te assolutamente inaccessibili alla tua abituale visione di te stesso.

Lo so che fa spavento. Lo so.

La ricerca interiore è sempre terrificante, perché a forza di cercare, e cercare, e cercare, si rischia di trovare in noi stessi i tratti caratteriali che rimproveriamo agli altri.

Non aver paura di scoprirti contraddittorio, incoerente, o persino disonesto. Il solo fatto di riconoscere i tuoi limiti ti sta già conducendo sulla strada giusta per liberartene. Ma li devi riconoscere con un'intensità tale da farti rabbrividire di te stesso, devi pensare qualcosa come: diavolo, ma questo sono proprio io! E incorporo tutte le debolezze che rimprovero agli esseri umani!

Prendile. Mettitele davanti, le tue debolezze. Osservale e osserva la tua reazione delusa nell'osservarle. Perché sì, devi toccare il fondo della delusione verso te stesso, per poterti trasformare nella versione migliore di te.

Attraversare la versione peggiore di te, vederla esistere, saperla esistere, sentirla mentre fa paura, e camminarci dentro, camminarci affianco, fino a correre, correre forte, per scappare via dalla versione peggiore di te.

Scopri se vale la pena continuare o iniziare una nuova relazione.

Procedendo nella esplorazione delle tue debolezze, è facile che incappi anche nella vera ragione del tuo desiderare incessantemente qualcuno che hai perso.

Potresti, come dicevo prima, incontrare una parte di te **che non**

si rassegna alla fine, che non accetta la fine, indipendentemente dall'evento cui è stata decisa la fine.
Non è allora un desiderio rivolto alla persona in sé, ma è un desiderio di riscatto, o di ribellione all'ineluttabilità della fine, più o meno.

Perciò, se trovi qualche traccia di un desiderio del genere dentro di te, ti invito a prendere in seria considerazione la possibilità di cambiare completamente rotta. Andare avanti, come si suol dire. Ricominciare. Rimettersi in gioco.
Chiamalo come più ti aggrada.
Ma è necessario che tu riesca a passare oltre la fine, senza sentirti bloccato sopra a quella linea all'orizzonte, la linea che disegna il contorno della parola *fine*, la linea che vorresti sempre spostare un po' più avanti nel tempo e nello spazio, chissà per quale assurda ragione.

Fai fiorire il tuo prato mentale e vedrai germogliare le rose su un piano fisico.

Se coltivi buoni sentimenti dentro di te, non dubitare del fatto che troverai buoni sentimenti fuori di te.
Se i sentimenti che regali agli altri sono sinceri,
non dubitare del fatto che - presto o tardi - riceverai sentimenti sinceri dagli altri.
Esiste una misteriosa corrispondenza fra quello che edifichiamo nella nostra psiche e quello che l'universo edifica per noi, quasi come se l'universo si servisse dei nostri movimenti interiori per direzionare i suoi, quasi come se la condotta dell'universo si *adattasse* alla nostra condotta di vita. Credimi, non è un pensiero egocentrico.
Non sto dicendo che l'universo, così immenso e sconfinato, stia lì appositamente per te.
Sto dicendo che l'universo sta lì appositamente per tutti.
Ma l'universo tratta tutti come se fossimo individualità interconnesse, interdipendenti, e perciò l'universo ama *inevitabilmente* coloro che apportano benefici alla società, questo universo sconfinato ama sconfinatamente coloro che si rendono utili agli altri, perché gli alleggeriscono il carico della fatica.
Ecco perché ci viene insegnato che l'altruismo è una virtù nobile: per il semplice fatto che l'altruismo è quanto più si possa avvicinare alla vera essenza della natura, che è appunto costituita da una rete di esseri viventi, ciascuno funzionale al percorso evolutivo e all'armonia del Tutto.

Ricorda: tu non sei una briciola per l'universo.
Tu non sei una formichina per l'universo.

Tu sei la miniatura dell'universo.

E più saprai connetterti alle leggi dell'universo, più diventerai una sua miniatura sempre più perfetta.

Perché in effetti, a ben pensarci, che cosa distingue due *enti separati* se non il loro agire seguendo leggi diverse?
Però vedi, nel momento in cui tu vivi in totale armonia con le leggi dell'universo, allora non potrai quasi più distinguerti dall'universo, e ti fonderai con la sua origine, con la sua struttura, con i suoi principi di causa ed effetto.

Qualcuno sostiene che fra questi principi esiste la legge di attrazione. Così, se fai fiorire il tuo prato mentale, vedrai germogliare le rose nelle tue esperienze fisiche. D'altronde non esiste una vera scissione tra il piano mentale e il piano fisico.
Le stesse parole che in questo momento tu stai leggendo, sono state originariamente formate nel mio piano mentale, poi sono state trasferite sul piano fisico, e tu in questo momento le stai inglobando nel tuo piano mentale, come in un rimbalzo ciclico tra il dentro e il fuori.

Ma dove comincia il dentro e dove finisce il fuori?

Dov'è tracciato il confine che separa la tua lettura di queste parole su un piano fisico, dalla tua introiezione delle parole che stai leggendo?
Qual è il momento esatto in cui smetti di decodificare il mio alfabeto e inizi a incorporare le mie parole?

Se mentre ti faccio queste domande, se mentre ti interroghi, se mentre si agita in te qualche nuova riflessione, c'è qualcosa sul tuo volto che si agita allo stesso modo, fosse anche solo un sopracciglio che si alza di pochi millimetri, allora puoi avere la conferma del fatto che esiste un'intima corrispondenza, quasi un'unità, fra il piano mentale e il piano fisico.

E così non ti sembra adesso più verosimile la possibilità che ciò che semini dentro di te,
germoglierà fuori di te?

Tuttavia a proposito della legge di attrazione, vorrei introdurti un concetto che forse troverai ben poco altrove. Ormai i coach motivazionali insegnano che esiste questa straordinaria legge di attrazione, questa monumentale legge che sembra rispondere alla volontà degli uomini, e tuttavia quanti si prendono la briga di spiegare che la cosa più importante la legge di attrazione è la sua gestione?
voglio proporti questo esperimento mentale. Immagina un signore che chiede all'universo di essere felice. Glielo chiede tutti i giorni senza tregua, gli hanno detto che la legge di attrazione esiste e che se chiede qualcosa all'universo, qualcosa che desidera intensamente, e lo chiede insistentemente, senza stancarsi, molto probabilmente otterrà quello che desidera. Ora il problema è questo. Quando il signore chiedeva l'universo di essere felice, le cose non stavano esattamente come stai immaginando... Quel signore non amava le attività presenti su questo pianeta, e tutte le attività che gli piacevano non gli piacevano mai abbastanza, sicché quando chiedeva di essere felice, l'universo non riusciva a captare nient'altro che la sua insoddisfazione per la felicità

terrena. Morale della storia? Quel signore è morto, perché l'universo ha captato la sua insoddisfazione cronica per la felicità terrena e ha pensato bene di spedirlo nella felicità ultraterrena. ti sembra paradossale? Forse lo è. Ma sai quanti paradossi esistono connaturati alla struttura dell'universo? Quello che voglio dirti è che la legge di attrazione quando è gestita male può condurre a conseguenze del tutto inaspettate e talora disastrose. L'unica cosa che permette di utilizzare bene la legge di attrazione e la consapevolezza.se il signore infatti fosse stato consapevole della richiesta che stava facendo all'universo, soprattutto se avesse capito che stava desiderando qualcosa senza sapere che cosa desiderasse sul serio, probabilmente avrebbe dosato un po' l'intensità dei suoi desideri, per così dire.

E dosando l'intensità dei suoi desideri, chissà che magari l'universo non avrebbe preso proprio alla lettera il suo desiderio di felicità, ma avrebbe attenuato allo stesso modo anche la realizzazione di quel desiderio, magari lasciandolo ancora a mani vuote, dandogli il tempo di contemplare su quello che per lui rappresentava davvero la felicità.

Come triturare i pensieri distorti:
- Ingrandimento e riduzione al minimo
- Etichettatura
- Ragionamento emotivo
- Il problema di dare la colpa a se stessi e agli altri

Per cominciare a seminare qualcosa di buono dentro di te, è necessario innanzitutto liberarti dall'influenza dei pensieri distorti.

Una delle pratiche che io preferisco per la liberazione dai pensieri

distorti si avvale di un metodo che può apparire paradossale, ma che alla fine si rivela molto efficace.
Si tratta dapprima di ingrandire al massimo un pensiero, e successivamente di ridurre al minimo
lo stesso pensiero.
Nel momento in cui ingrandisci al massimo un pensiero *distorto* puoi evidenziare in maniera incontrovertibile le sue *distorsioni*, che magari non erano abbastanza visibili a uno sguardo più distaccato. Perciò tu devi entrare nel tuo pensiero distorto e devi metterti a studiare tutti i tratti di distorsione che lo rendono tale. Una volta che avrai ben chiaro il quadro complessivo delle storture del tuo pensiero, sarà naturalmente più facile sviluppare una certa avversione nei confronti di quel pensiero, e non vedrai l'ora di sbarazzartene.
Per sbarazzartene dunque dovrai passare allo stadio successivo che è quello della riduzione al minimo,
e cioè dovrai osservare a quanto è **riducibile il valore di quel pensiero.**

Quanto è possibile ridurre il valore di un pensiero?
Nella risposta a questa domanda risiede tutto il ridimensionamento che puoi applicare al tuo pensiero distorto.

Fra le peggiori caratteristiche dei pensieri distorti c'è quella di voler trovare a tutti i costi un colpevole delle distorsioni.
Che tu lo cerchi in te stesso o che tu lo cerchi negli altri non cambia l'errore della premessa in sé di trovare necessariamente un colpevole. Basterebbe semplicemente misurarsi con quelle distorsioni e osservarle da una prospettiva neutra, come di chi prende coscienza che esiste una disarmonia nel cosmo e tuttavia non ho bisogno di prendersela con Dio, perché sa perfettamente che la ricerca del colpevole non gli darà nessun beneficio in termini di ritrovamento dell'armonia, ma anzi non farà altro che aggiungere ulteriore disarmonia alla disarmonia preesistente.
Perciò la maniera migliore per riequilibrare l'armonia laddove riscontri un tratto disarmonico è esattamente quella di sospendere la ricerca di un carnefice, e adoperarti al meglio delle tue forze per ripristinare l'equilibrio.

Fidati di me. Non sempre hai bisogno di conoscere il colpevole. Le soluzioni ai problemi esistono autonomamente e indipendentemente dall'esistenza di un colpevole. Perciò impiega le tue energie alla ricerca di una soluzione: la ricerca del colpevole è piuttosto dispendiosa in termini energetici e rischia seriamente di deviare il focus della tua concentrazione.

Come vedi, gli aspetti negativi sono innumerevoli.
Lo so che magari covi un sentimento di vendetta e che solo trovare il colpevole ti permetterà di farlo veicolare, ma se io ti dicessi che applicare una vendetta ti può inquinare l'anima?
E guarda che poi è dura ripulirla!
Molto meglio allora che il tuo desiderio di vendetta si esaurisca in se stesso, per mancanza di una valvola di sfogo. Meglio per te, per la parte più nobile di te, che ha così tanta fiducia nella giustizia dell'universo da non dubitare nemmeno un po'
che sarà fatta giustizia per chi ti ha ferito.

Lascia fare all'universo.

Capitolo 7: Spiritualità: quali sono i tuoi difetti?

- **Le 4 grandi morti del sé**
- **Sei una persona che vale?**
- **Chi sei veramente?**
- **Come cambiare il modo in cui ti senti**
- **Il significato della vita**

Finché restiamo nella condizione umana, dobbiamo fare i conti con la consapevolezza di avere dei difetti. Ma per difetti non devi intendere caratteristiche fisiche e mentali che ti allontanano dai canoni imposti dalla società.
Quelli non sono difetti: sono insoddisfazioni per i capricci della società.
Per difetti devi intendere caratteristiche della tua personalità che ti allontanano dalla tua parte divina.
Sì, sono questi i reali difetti. Te ne sorprendi?
Perché sono questi i punti di distacco che non ti consentono di esprimere la perfezione divina che dimora in te sin dalla notte dei tempi. E allora se tu ambisci alla perfezione, non devi certo ambire alle presentazioni canoniche e standardizzate della bellezza organizzate da altrettanti umani imperfetti.
Quei modelli lì non sono modelli di perfezione, per il semplice fatto che la perfezione non può essere stabilita da un gruppo coeso di esseri umani imperfetti.
Capisci? C'è una contraddizione in termini.

Una presunzione, un'arroganza, se vogliamo, ad arrogarsi il diritto di decidere che cosa è vicino alla perfezione e che cosa è lontano dalla perfezione.
Noi sappiamo solo che la perfezione è divina.
Quindi l'unica cosa che possiamo fare è divinizzarci. E per divinizzarci le regole sono severe e rigide. Forse è per questo che tutti preferiscono la falsa perfezione introdotta dai parametri sociali.

Divinizzarsi è un'operazione alchemica, complessa, qualcuno oserebbe dire impossibile - azzardando conclusioni che non gli è dato conoscere. Richiede lo sforzo di un'intera vita.
Richiede una fiducia straordinaria.
Richiede il mantenimento di una volontà salda di inimmaginabile. Ma alla fine ci sarà davvero un salto qualitativo altrettanto straordinario e inimmaginabile quanto lo sarà la potenza che impiegherai per perseguirlo.
Non si tratta di una ricompensa come ci promettono le religioni secolari. Si tratta di un cammino che inevitabilmente - proprio perché ricco di ostacoli - conduce alla piena felicità eterna.

La vera domanda è:
tu vuoi essere felice?
tu sei pronto a essere pienamente ed eternamente felice?

Perché vedi, quando la felicità è ferma, io temo che i giochi finiscano. Il gioco è possibile solo finché si oscilla nel dualismo.
E la felicità come unica e assoluta condizione di esperienza possibile, beh, non permette nessuna oscillazione, e dunque nessun dualismo.

Interrogati. Che cosa vuoi davvero?
Essere felice e immobile oppure essere in movimento tra felicità e tristezza?

Non è una domanda a cui puoi rispondere in poco tempo. Talvolta non ci basta una vita intera per trovare una risposta convincente. Conoscere se stessi è **forse molto più estenuante che conoscere il mondo.**
Ma è anche molto più affascinante, se ci pensi, la ricerca dentro noi stessi, proprio in virtù di questa sua inafferrabilità originaria, e dopotutto i giocatori più tenaci concordano - più o meno - nel dire che gli enigmi migliori sono quelli che rasentano l'irrisolvibile.

Una sfida che dura tutta una vita: può sembrarti una condanna, ma in realtà è la sola cosa che ti salverà dalla noia. Non ti puoi annoiare, quando hai sempre in sospeso una sfida con te stesso. Sei salvo dalla noia. Perciò una sfida interminabile non è una condanna, è la salvezza eterna.

Vedi, il nostro sé deve attraversare tante morti, per poter rinascere nel sé superiore.

La prima morte del sé avviene quando muoiono le tue convinzioni rigide, quelle lì che non ti sembravano scalfibili da niente.
Il tuo sé parziale muore per eccesso di umiltà, perché solo gli umili sanno mettere in discussione le proprie convinzioni fino a vederle frantumarsi sotto ai loro occhi.
Il tuo sé parziale muore per eccesso di umiltà,
perché solo gli umili superano l'attaccamento alle proprie idee e riescono ad osservarle da una prospettiva non giudicante e senza

desiderio di possederle.

Il desiderio di possesso non è deleterio soltanto quando è rivolto alle persone, ma è deleterio anche quando è rivolto alle idee e alle convinzioni, perché voler possedere una convinzione significa privarla della sua libertà di vivere svincolata dalle persone.

La seconda morte del sé avviene quando riesci a perdonare chiunque ti abbia fatto del male.

Il tuo sé parziale muore per eccesso di intelligenza, perché comprende che perdonare è l'unica maniera di risolvere conflitti interiori che provocano sintomi psicosomatici, e dunque il tuo sé parziale muore per eccesso di intelligenza perché preferisce essere in salute piuttosto che conservare integro il suo orgoglio. Il tuo sé superiore è completamente estraneo e disinteressato alle dinamiche dell'orgoglio e della vendetta, lo sai?

Il tuo sé superiore vede tutta l'umanità connessa come una monade, un'unità, per cui la pratica del perdono non richiede neppure fatica al tuo sé superiore, richiede semplicemente uno **sguardo d'insieme**. Tutto ciò che non è perdonato diventa un ingombro: ingombra le tue notti, impoverisce la tua creatività, comprime la tua capacità di amare senza filtri di risentimento.

Perdonare significa riconquistarti uno spazio vitale che ti era stato negato dal tuo senso di separazione nei confronti di un altro essere umano: ricorda che la separazione occupa più spazio rispetto all'unione, poiché ciò che è separato richiede distanza. E da qui nasce l'ingombro.

La terza morte del sé avviene quando perdoni i tuoi stessi demoni. Il tuo sé parziale muore per eccesso di auto compassione, un sentimento difficilissimo a provarsi quando si è immersi nella propria coscienza parziale. Sviluppare l'auto compassione significa afferrare i propri demoni, guardarli dritti negli occhi, e provare pietà persino per loro, perché finalmente i demoni ci appaiono come creature indifese che hanno scelto il male per paura del bene.

Perdonare i tuoi demoni significa perdonare le tue debolezze, le tue paure, le tue stesse limitazioni che ti impediscono di accedere al tuo sé superiore, ma che una volta riconosciute - cioè, una volta che ne diventi **consapevole** - cominciano ad abbassare la guardia e ti consentono una via d'accesso alla **consapevolezza** universale.

La quarta morte del sé avviene quando ti liberi degli attaccamenti. Ma attenzione, ciò non significa vivere senza desiderio vitale, significa semplicemente vivere in piena coscienza del fatto che tutte le forme della materia sono transitorie, e che non saranno permanenti all'interno dello spirito. Lo spirito conserva l'esperienza delle forme, l'essenza. Perciò non è necessario né utile attaccarsi alle forme che sono solo transitorie.

Ora vorrei che tu rispondessi a queste domande senza pensarci su. D'impulso.

Quante volte ti sei chiesto se sei una persona che **vale**?

Quante volte ti sei chiesto secondo quali criteri si stabilisce il **valore** di una persona?

Quante volte ti sei chiesto qual è il vero significato della parola **valore**?

Generalmente le persone insicure si fermano alla prima domanda, per il semplice fatto che l'insicurezza lascia intrappolati nel circuito -valgo o non valgo?- e non consente di superare la fase della domanda soggettiva e autoreferenziale, non consente di arrivare alle fasi delle domande oggettivabili, che non si accontentano della mera definizione, ma mirano a determinare i parametri di una certa definizione.

Partiamo adesso dai criteri secondo cui una persona possa essere giudicata valente.

L'etimologia della parola valore è: ***essere forte, esser capace, significare.***

Ma non riguarda settori specifici del sapere, riguarda piuttosto l'individuo nel suo complesso, nell'insieme delle sue facoltà.

Essere forte.
Credi di non essere mai stato forte nella tua vita?
E allora dimmi: quella volta che hai superato un lutto che credevi insuperabile? Quella volta che hai saputo dire addio quando volevi solo dire ciao? Quella volta che hai lottato contro una sola delle tue paure quando tutte le altre paure cercavano di immobilizzarti? Dimmi, quelli non erano momenti di grande forza?

Essere capace.
Credi di non essere mai stato capace nella tua vita?
E allora vediamo: quella volta che hai ricordato con dovizia di particolari un momento della tua vita e sei stato capace di rilevarne un significato nascosto? Quella volta che sei stato capace di vedere bellezza laddove a un primo sguardo non c'era altro che malinconia? Quella volta che sei stato capace di riconoscere un tuo errore di fronte a chi non sbaglia mai? Dimmi, quelli non erano momenti di grande capacità?

Significare.
Credi di essere insignificante?
Non puoi esserlo.
Poiché se tu hai fatto pensare, con le tue parole, anche solo una persona che hai incontrato lungo il tuo cammino, già *significhi il motore del pensiero.*

Adesso prova a fare la somma di tutto.
Tutte le volte in cui sei stato forte, tutte le volte in cui sei stato capace, tutte le volte in cui hai significato qualcosa per qualcuno o - meglio ancora - per te stesso. Hai ancora bisogno di domandarti se tu sia o meno una persona che *vale?*

Oppure hai compreso che evidentemente il valore in te esiste, è sempre esistito, e il tuo unico errore è stato che non ti sei cercato abbastanza in mezzo ai tuoi meriti?

Ma una volta che sei riuscito a trovare una risposta al fatto che sei una persona di valore, ecco che la domanda si trasforma, si sposta ancora più indietro, ancora più indietro,
all'essenza, alla radice, e diventa:
ma io, chi sono veramente?

Ma tu, chi sei veramente?

E sei sicuro di voler essere qualcuno o qualcosa di *specifico*?

Sei sicuro di non voler permanere nel senso del vago, insomma, come se tu non fossi ancora definito, e quindi potenzialmente tu potessi essere qualsiasi cosa, come se tu, non essendo ancora *niente* di certo, potessi essere perfino... *tutto?*

Certo, è molto allettante come presagio, quello di poter essere qualsiasi cosa, perfino *tutto*.

Ma questo non significa che tu non debba interrogarti sulla natura di questo *tutto che tu potresti essere*.

E sai come ci si interroga sulla natura del tutto?
Studiando le leggi dell'universo.

Ti immagini se un bel giorno, mentre sei immerso in una lettura sulle scoperte della fisica quantistica, tu ti fermassi, tutt'a un tratto, e per un attimo, solo per un attimo, tu avessi la sensazione che
studiando l'universo
tu *stessi studiando esattamente te stesso?*

Potrebbe essere una epifania o un'illuminazione, qualcosa del genere. Potresti giungere a risponderti alla domanda: chi sono veramente?
mentre sei occupato a fare - apparentemente - tutt'altro,
e potresti accorgerti che quel *tutt'altro* in realtà non è altro-da-te, quel *tutt'altro* non è distante da te, ma in qualche modo, tu ci sei dentro.

Forse è quello, inaspettato, il momento in cui puoi prendere intuitivamente coscienza di essere tutto,
e perciò di essere tutto quello che non ti aspetti, e perciò di essere *tutt'altro* rispetto a quello che hai creduto di essere.

Una consapevolezza trovata per contrasto con le nostre convinzioni.
Riesci a crederci?
Eppure succede. Ti assicuro che succede spesso.
Sono precisamente le nostre convinzioni a limitarci (non per altro qualcuno le chiama convinzioni **limitanti**) e perciò quando accade qualcosa che scombussola il nostro patrimonio di convinzioni, vediamo talora schiudersi le porte dell'**illimitato**.

Capitolo 8: Cartella di lavoro per cementificare i punti chiave del libro e farli tuoi per sempre.

Bene, caro lettore.
Siamo quasi giunti alla conclusione di questo libro.
Adesso mi occuperò di fornirti dei suggerimenti affinché gli argomenti cruciali di questo libro ti rimangano impressi per molto tempo.

La mia tecnica preferita è quella di estrapolare alcuni discorsi pregnanti da tutti capitoli trattati, affinché servano a ricordarti l'intero spettro delle riflessioni che circondano questi discorsi.

Abbiamo riflettuto sull'ansia da prestazione e sulla tua capacità di abbandonare la cattiva abitudine di vivere nell'anticipazione degli eventi.

Devi solo abbandonare la
tua attitudine a vivere nell'anticipazione
di tutti i possibili eventi negativi.

L'ansia da prestazione è uno dei principali effetti collaterali della volontà scalmanata di prevedere gli eventi e di crearne l'anteprima con l'immaginazione.

Abbiamo riflettuto sulla tua possibilità di lasciar andare lo sforzo immaginativo di entrare ossessivamente nelle reazioni degli altri.

Ti è mai capitato di ascoltare una canzone che hai condiviso con un altro essere umano, e di immaginare, mentre la ascolti, il suo sentire?

Ti è mai capitato di proiettarti nell'interpretazione dell'altro, all'ascolto di una canzone condivisa?

Questo processo è meraviglioso, intendiamoci.

Perché ti consente di visitare le stanze cognitive di altri esseri umani. Ti consente di fare esperienza diretta della immedesimazione.

Ma è un processo naturalmente provvisto di effetti avversi. Perché quando tu cominci a vivere costantemente in una proiezione nella mente dell'altro, l'assorbimento può essere così profondo, da non riuscire più a rientrare in te stesso.

Abbiamo affrontato la verità scottante del legame tra l'egocentrismo e il sentirsi vittima di giudizio, stabilendo una volta per tutte che le persone non vivono per reagire alle tue azioni, ma vivono per agire a loro volta.

Le persone non vivono per reagire alle tue azioni.

Le persone accolgono le tue azioni. E reagiscono se è richiesto dalla circostanza.

Ma per loro non è fondamentale reagire alle tue azioni.

Fidati di me, quando avrai timbrato questa informazione nelle riserve della tua memoria, riuscirai a vedere con il dovuto distacco emotivo le possibili reazioni degli altri. E finalmente, chissà, magari potrai dire addio a questa fastidiosa pressione di dover sempre soddisfare le aspettative degli altri.
Nel momento in cui smetterai di disegnare i grafici mentali delle aspettative degli altri, dubito che tu sarai ancora vittima dell'ansia anticipatoria.

La paura del giudizio si fonda sul presupposto che qualcuno stia lì a giudicarti.
Ma questo presupposto è infondato, perché il giudizio non è una condizione necessaria.
Se qualcuno presuppone che un essere umano stia lì a giudicarlo, presuppone anche che quell'essere umano gli dedichi attenzioni: il giudizio richiede attenzione.
E questo non è forse egocentrismo?
Sentirsi al centro di una reazione giudicante
non è poi tanto diverso dal semplice
sentirsi al centro dell'attenzione.

Abbiamo constatato che una delle principali fonti dell'ansia sentimentale risiede nella tensione a essere impeccabili.

La domanda è:
se il vostro gioco si comincia a strutturare come una gara a chi arriva primo all'impeccabilità,
come puoi pretendere che non si presenti il sentimento dell'ansia?

Essere sempre impeccabili è umanamente impossibile. E perciò se tu ti crei un'aspettativa irrealizzabile - vale a dire, l'impeccabilità onnipresente - è chiaro che il presagio del fallimento si farà sentire forte e chiaro, e ti caricherà di turbamenti ansiogeni.
Il problema dell'ansia reattiva deve essere ristabilita a monte. Occorre cioè fare qualche passo indietro, e rivedere i parametri di perfezione cui ambisci.
Che ne dici di spostare un po' più in basso l'asticella della perfettibilità?
Che ne dici se un giorno tu ti svegliassi, e decidessi di essere meravigliosamente libero di mostrarti imperfetto?

Abbiamo valutato la possibilità che la concezione classica della parola difetto sia a sua volta piena di "difetti logici".

Perché un puntino rosso sul viso viene denominato difetto?
Si tratta semplicemente di un cromatismo che si incontra con un altro cromatismo. Si tratta soltanto di una omogeneità meno definita, nella compattezza o nel colore.
Ma perché una combinazione geometrica elementare, quando comincia a esistere sul viso, viene definita difetto?
Non smettere mai di interrogarti sui modi di definizione più comuni e ricorrenti: spesso sono quelli che nascondono gli inganni più grandi.

Abbiamo stabilito che devi ricordare più spesso il tuo splendore.

Quando diventi consapevole del tuo splendore, succede che l'ansia non trova più il suo veicolo di espressione preferito: l'insicurezza.
E insomma, per così dire, tutte le volte che ti ricordi del tuo splendore, è come se tu facessi dimenticare all'ansia la sua tensione di esistere.

Vedrai, quando sarai sufficientemente allenato a vederti splendere, l'ansia dell'infatuazione ti abbandonerà. La tua mente lo saprà, che non c'è pericolo.
Una semplice dose di autostima può uccidere i peggiori parassiti emozionali.

Abbiamo verificato che il desiderio di controllo su tutto va generando uno stato costante di allerta, che veicola naturalmente ansia e agitazione.

Quando cerchiamo di controllare tutto in una relazione sentimentale, stiamo comunicando al nostro inconscio che viviamo in una situazione di allerta costante.
Ed è così che l'inconscio si ribella, è chiaro.
L'inconscio non sopporta le catene, non sopporta le situazioni allarmanti, l'inconscio è l'espressione pura della libertà autentica.
E quando tu ti inoltri in una previsione di ipercontrollo, stai letteralmente imprigionando un tipo di libertà inconscia, la libertà di abbandonarsi che spetta di diritto al tuo inconscio, cioè alla parte più saggia di te.

In ragione di ciò, l'inconscio comincia a ribellarsi, e poi talvolta, quando non sei abbastanza concentrato per sentire il suo richiamo, comincia a produrre sintomi dolorosi o fastidiosi, per attirare meglio la tua attenzione. Probabilmente l'inconscio si comporta come un bambino perché è la parte più saggia di noi. E ormai è una notizia nota da millenni, che i migliori filosofi sono i bambini.

Abbiamo rivalutato la cosiddetta versione peggiore di noi stessi.

La versione peggiore di noi stessi ha una virtù insospettabile, ci puoi contare.
È solo nella versione peggiore di noi stessi che possiamo qualificare i nostri peggiori punti deboli, e una volta che la qualifica è stata stampata nella nostra memoria, possiamo lavorare sulle nostre debolezze avendo a nostra disposizione dei dati coerenti e credibili. Pensaci un momento.
Nulla è più coerente di una bassezza commessa mentre ci troviamo nella versione più bassa di noi.

Abbiamo intuito come dovrebbe essere la forma d'amore più autentica, disinteressata, e incondizionata.

Vedi, l'amore-in-sé è più o meno simile all'amore che puoi provare per uno psicologo. Probabilmente non ti piacerà sapere che lui dedica più attenzioni a un altro dei suoi pazienti, sottraendolo a te.
Ma se tu ami davvero il tuo psicologo, significa che vuoi

prioritariamente vederlo felice, e allora vuoi che sia felice di svolgere il suo lavoro al meglio, anche se il meglio, in quel preciso periodo, non sei tu, anche se fare il meglio significa dedicare del tempo a un essere umano che non sei tu.

Tu amerai davvero una persona quando sarai felice di sapere che quella persona sta amando a sua volta. E se quella persona, in quel preciso momento, sta amando la compagnia di qualcuno che non sei tu, il meglio che tu possa fare è rispettare il suo desiderio senza intrometterti.

Abbiamo stabilito che il tuo destino è sempre nelle tue mani, e non esistono destini irreversibili.

Devi convincerti che è ancora tutto nelle tue mani, che tutto è ancora e sempre lì, pronto per essere rimodellato, riadattato, rivisto con gli occhi del presente e con gli occhi dell'aspettativa futura.
Cerca di memorizzarlo bene.
Le tue esperienze segnanti non creano segni irreversibilmente permanenti.
I segni sono sempre modificabili, d'accordo?
Il segno di una X tracciata su un foglio può, in ogni momento della storia, essere addizionato a due nuove linee laterali, generando due triangoli, può essere riempito di colore, e può trasformarsi così nella sagoma di una farfalla.
Perciò ti prego di non credere a chiunque voglia persuaderti del fatto che le esperienze segnanti diventino timbri incancellabili della tua personalità.
Prendi il controllo del tuo cambiamento.

...E che il cuore non accelera solo per lamentarsi, ma anche per esultare!

Quel nervosismo che tu immagini essere ansia da prestazione potrebbe essere invece un ottimo segno del fatto che stai desiderando.
Il cuore te lo dice forte e chiaro:
tu sei ancora in grado di desiderare!
Magari il suo palpito è una maniera ostentata di complimentarsi con te, per il coraggio che dimostri nel buttarti a capofitto in una nuova esperienza.
Ci hai mai pensato?
Il cuore si vivifica attraverso il tuo coraggio di metterlo in gioco.
Il cuore non ti sta punendo.
Ti sta ringraziando.

Lo spreco di tempo? Non esiste!

Vedi allora, così puoi anche superare la paura onnipresente dello spreco di tempo, perché in fin dei conti ogni volta che crediamo di aver sprecato il nostro tempo in qualcosa di infruttuoso, noi in realtà quel tempo lo abbiamo impiegato per conoscerci, perché abbiamo finalmente compreso - mediante esperienza diretta - che cosa troviamo noioso, insoddisfacente, o perfino inutile.

Lo spreco di tempo non è mai insignificante.
Perché solo dopo aver appurato com'è fatta la pura sensazione dello spreco, solo dopo aver catturato la tua impressione precisa dello spreco, tu potrai avviarti verso tutto quello che ti ispira sul serio, e saprai veramente come dirigere la tua ricerca.

Lascia che gli altri si adattino a te.

Non sei tu che devi sempre adattarti agli altri: lascia che siano gli altri ad adattarsi a te.

Dopotutto, anche questo è modo di rendersi utile agli altri. Perché quando smetti di adattarti agli altri e attendi che siano gli altri ad adattarsi a te,
tu stai consentendo agli altri di pensare, di elaborare strategie che li abilitino all'adattamento, di azionare il cervello in maniera funzionale, per così dire.
Sì, tu, nella tua inazione, ti trasformi in un vero stimolo intellettivo.

Puoi riconquistare la prospettiva neutra di te stesso.

Non è una perdita irreversibile.
Da qualche parte, su questo pianeta, ci sono persone che stanno recuperando l'abilità di camminare, l'abilità di leggere, e perfino l'abilità di deglutire.
E tu credi sul serio che non saresti in grado di recuperare l'abilità di guardare te stesso senza l'interferenza giudicante di occhi estranei?

Le prime volte potresti incontrare difficoltà, non ne dubito, è chiaro, è come riprendere a dormire regolarmente dopo mesi di insonnia cronica, i primi accenni di normalità non ti convincono, stenti quasi a crederci, perché ti eri persuaso del fatto che tu eri destinato a soffrire per sempre di sonno scoordinato, soltanto che poi arriva una notte, una notte straordinaria, in cui cominci a riscoprire l'assopimento serale, gli sbadigli in serie, gli occhi che si socchiudono senza il tuo controllo, e capisci subliminalmente che tornare indietro è sempre possibile.

Puoi sintonizzarti con le vibrazioni dell'anima attraverso lo sviluppo delle qualità nobili.

Tu dirai: sì ma come faccio a sintonizzarmi con le vibrazioni della mia anima?
E io ti dico: la risposta è da cercare nelle qualità più nobili che possa avere un essere umano.
Individua queste nobili qualità, mettile in azione, e ti troverai scaraventato nella dimensione dell'anima senza neppure una tua richiesta esplicita.

Funziona così con l'anima, o con l'inconscio, per usare un'altra parola convincente - forse perfino più convincente - dicevo, funziona così, l'inconscio ti ingloba all'improvviso, ti divora, e non sei tu a chiamarlo a te, è lui a decidere quando presentarsi a te, finché non impari a comprendere i codici del suo linguaggio.
I codici del suo linguaggio sono emozioni.
Emozioni inquiete, emozioni variopinte.
Le emozioni pacate o troppo quiete o troppo ripetitive sono invece una lingua straniera, per l'inconscio. L'inconscio ha bisogno di dinamismo.
Il linguaggio dell'inconscio è intrinsecamente dinamico. È fatto di una spinta al cambiamento che si agita e si agita fino allo sfinimento.
È senza tregua, il battito animante dell'inconscio.

Puoi trasformare le emozioni negative in emozioni positive.

A questo punto forse ti domanderai come sia possibile trasformare le emozioni negative in emozioni positive.
Bene. Ti faccio un esempio pratico.
Una persona sta ridendo a crepapelle fino alle lacrime. Ride e piange.
Se qualcuno arriva proprio mentre quella persona ha smesso di emettere i suoni della risata e restano manifeste soltanto le lacrime e il rossore del viso, probabilmente si avvicinerebbe per consolarla, pensando a chissà quale grande pianto.
Trasformare un'emozione negativa in un'emozione positiva, e viceversa, può essere facile come alterare semplicemente il contesto in cui si rivela quell'emozione.

Puoi osservarti dall'alto mentre sei emotivamente coinvolto per studiare le tue emozioni.

Osservati. Osservati nei momenti di maggiore coinvolgimento emotivo. Sono precisamente quelli i momenti che rivelano la verità delle tue emozioni. Ma l'offuscamento provocato dall'emozione ti impedisce di attraversarne il significato. Ecco perché devi, in qualche modo, uscire fuori di te, e metterti a osservare dall'alto le tue emozioni.

...Alcune strategie per evitare il fraintendimento, e qualche giochino linguistico da proporre al partner.

Il fraintendimento non è un affare da poco, intendiamoci. Il fraintendimento sottolinea una diversità di intendimento, e una diversità di intendimento fra due persone può generare i peggiori conflitti fra due persone, perché è come se si inviasse un impulso A e la persona ricevesse un impulso Z, col risultato che il discorso complessivo può sfasarsi del tutto, perché è sufficiente che una sola parola venga interpretata in un senso diverso per alterare il senso dell'intera frase in cui quella parola è contestualizzata. Una sola parola compromessa è uno sfregio di tutto il contesto, e allora è facile che un contesto logoro, per così dire, possa generare azioni-reazioni loguranti in una coppia.

Per evitare il fraintendimento occorre stabilizzare una comunicazione produttiva, e per stabilizzare una comunicazione produttiva c'è bisogno di sapere esattamente che cosa s'intende produrre con le parole.

Insomma, c'è bisogno di risalire all'intenzione che preesiste all'espressione linguistica.

Ricorda che esistono persone intolleranti alla luce. Ma non è un problema della luce!

Nel momento in cui deleghi allo sguardo dell'altro il potere di orientare la percezione di te stesso, stai già comunicando una debolezza della tua autostima.

Dov'è finito il tuo potere decisionale per le cose che ti riguardano così da vicino? Ci devi convivere tutta la vita con la tua autostima, come puoi lasciar decretare agli altri la dose di autostima che ti tocca?

la gestione del rifiuto dovrebbe evitarti questo stadio di comportamenti disfunzionali. Nel momento in cui impari a gestire il rifiuto, stai pur certo che non potrai più ricadere nel circuito della svalutazione. Perché saprai perfettamente che il rifiuto non è necessariamente legato a un tuo particolare difetto insopportabile, ma può dipendere da fattori decisamente estranei al tuo essere.

Gestire un rifiuto significa accettare il fatto che le cose luminose non sempre vengono apprezzate da chiunque: ricordati che esistono persone intolleranti alla luce, e che perciò rifiutano l'esposizione alla luce per evitare il fastidio, ma tu avresti mai il coraggio di affermare che è un problema della luce?
E allora perché ti ostini sempre a pensare che il problema sia tu? Perché non valuti te stesso come luce, e perché non valuti coloro che ti rifiutano come individui intolleranti alla luce?

Conosci te stesso.

La vera domanda è:
tu vuoi essere felice?
tu sei pronto a essere pienamente ed eternamente felice?

Perché vedi, quando la felicità è ferma, io temo che i giochi finiscano. Il gioco è possibile solo finché si oscilla nel dualismo.
E la felicità come unica e assoluta condizione di esperienza possibile, beh, non permette nessun dualismo.

Interrogati. Che cosa vuoi davvero?
Essere felice e immobile oppure in movimento tra felicità e tristezza?

Non è una domanda a cui puoi rispondere in poco tempo. Talvolta non ci basta una vita intera per trovare una risposta convincente. Conoscere se stessi è molto più estenuante che conoscere il mondo.

Ma è anche molto più affascinante, se ci pensi, la ricerca dentro noi stessi, proprio in virtù di questa sua inafferrabilità originaria, e dopotutto i giocatori più abili concordano - più o meno - nel dire che gli enigmi migliori sono quelli che rasentano l'irrisolvibile.

Tutto si risolve nel processo di autoconoscenza.

Non c'è davvero niente che non possa essere regolarmente osservato e ridimensionato

quando finalmente cominci a conoscere te stesso. Tutti i punti-chiave di questo libro tentano di dirigerti verso il processo autoconoscitivo, anche quelli che apparentemente non ti sembrano in diretta relazione con esso.

Capitolo 9: Le origini dell'attaccamento. Cos'è? La scienza dietro l'attaccamento.

- Stili di attaccamento malsano.
- I traumi che influenzano i nostri attaccamenti.

Che cos' è l'attaccamento?
Potremmo dire che si tratta di un sistema di comportamenti specifici che, in qualche modo, coadiuvano la creazione di legami fra individui.
Mi segui?
In genere la psicologia fa risalire l'origine dei comportamenti dell'attaccamento ai tipici comportamenti messi in atto dai bambini, e più precisamente ai momenti in cui i bambini devono costruire i primissimi legami con le figure genitoriali. Proprio così. Tant'è vero che in psicologia gli studi sull'attaccamento sono strettamente correlati agli studi sull'infanzia e sullo sviluppo infantile.
Insomma, è ormai indubbio che il bambino, percependo il genitore come una fonte di protezione, tenti di **legarsi** a lui per non rischiare di perdere la sua protezione.
Capisci? Il bambino lo sente perfettamente che qualcuno si sta prendendo cura di lui, anche se non sa esprimerlo a parole. E magari il suo modo preverbale di esprimerlo, di comunicare la sua paura di perdere quelle cure, è esattamente quello di porre in essere i classici comportamenti di attaccamento.

Il bambino vuole mantenere quelle cure.

L'attaccamento probabilmente deriva originariamente dalla *paura di perdere le cure*.

La scienza è più o meno concorde nel classificare quattro principali stili di attaccamento.

Stile sicuro: mentre il bambino gioca e viene lasciato solo dal suo caregiver, il bambino appare visibilmente inquieto. Ma appena il caregiver torna da lui, si lascia facilmente calmare e consolare.

Stile insicuro-evitante: mentre il bambino gioca, il bambino tende a ignorare il caregiver, e mantiene integra la sua indifferenza anche quando lo vede allontanarsi, mostrando un certo distacco come appena il caregiver torna da lui.

Stile insicuro-ambivalente: il bambino mostra comportamenti contraddittori verso il caregiver, oscillando dall'indifferenza al desiderio di vicinanza. Appare però inconsolabile quando il caregiver torna da lui.

Stile disorganizzato: il bambino appare incredibilmente sorpreso nel constatare l'allontanamento del caregiver, come se questo scombussolasse le sue aspettative.

Esistono poi quattro stili di attaccamento tipicamente dell'adulto.

Sicuro: sono piuttosto equilibrati e coerenti nel custodire i legami di attaccamento, senza porsi in posizione difensiva.

Distanziante: le loro descrizioni dei legami di attaccamento sono spesso contraddittorie e condite di vuoti di memoria, ponendosi spesso sulla difensiva.

Preoccupato: si mostrano particolarmente preoccupati in merito alla relazione con i genitori, i loro discorsi sono caratterizzati da incoerenza, con rappresentazioni equivoche e conflittuali del passato.

Non risolto: mostrano la presenza di traumi che derivano da perdite o abusi.

A questo punto forse ti chiederai quali sono i tipi di traumi che possono influenzare l'attaccamento da adulti. Poiché il bambino percepisce il genitore come una figura preposta al mantenimento della sua sopravvivenza, accade che, quando c'è l'incombenza di un pericolo, il bambino è portato a sviluppare l'attaccamento con l'attuazione di alcuni schemi comportamentali preimpostati che assicurano la vicinanza della madre. Quindi il pericolo è percepito come trauma, e l'interazione che si crea dalla vicinanza con la madre è percepita come ciò che protegge dagli effetti del trauma. La forma più pericolosa di trauma psicologico precoce risiede esattamente nella perdita di una base sicura rappresentata dalla figura genitoriale.
Ed ecco che da qui sorgono tutti i modelli disfunzionali dei comportamenti di attaccamento, i quali si manifesteranno - naturalmente - nell'età adulta e in contesti che esulano da quello familiare.

Tutto comincia dall'utero, lì dove ha origine l'attaccamento.

Ci hai mai pensato? La primissima forma di attaccamento che hai sperimentato è stata esattamente quella rivolta all'utero materno. Un attaccamento viscerale, inevitabile per la tua stessa nascita e sopravvivenza, inevitabile per la tua crescita, per la tua vita. È forse dalla memoria biologica di quel legame che nascono i modelli imitativi dell'attaccamento originario. E purtroppo rinforzi anche la convinzione che qualcuno di esterno a te possa essere **indispensabile** per la tua vita. È possibile?
Beh, è sbagliato. *Perché il momento della tua nascita determina anche il momento della nascita della tua autonomia.*

Così la scalata verso l'autonomia non può essere scandita dall'esigenza di un nuovo attaccamento viscerale. Perché tu non ne hai bisogno. La natura ti ha dotato di tutte le facoltà utili a renderti indipendente da altri esseri umani - salvo circostanze di emergenza in cui si ha bisogno di un supporto esterno temporaneo.
Ma tu in linea generale sei autosufficiente.
Tu basti a te stesso.
Ed è utile che tu lo tenga a mente. Sempre.

Sei nato per essere libero.

Ogni forma di attaccamento costringe e ottenebra la tua libertà.
E non intendo solo l'attaccamento alle persone, sia chiaro. Intendo anche attaccamento agli oggetti, alle forme, alle sensazioni.
Sono importanti sì, ma non sono essenziali.

Se tu perdi un certo tipo di sensazione, non perdi automaticamente un po' del tuo valore.
Il tuo *valore* è sempre autonomo e indipendente dalle cose di *valore* che ti attorniano.

Anzi, semmai sono le cose di valore a perdere tutto il loro valore in assenza di una coscienza che le valorizzi.

Che cosa penseresti, se io ti dicessi che sei tu il valore esatto delle cose di valore?
Proveresti ancora attaccamenti per esse?
Oppure comprenderesti che l'unico attaccamento che puoi avere è l'attaccamento alla tua stessa vita, che rende possibile l'espressione del tuo valore?

Se ti trovi in una situazione di attaccamento, devi uscire dall'utero adulto. Esci dall'idea che un qualsiasi legame sia indispensabile alla tua sopravvivenza e alla tua felicità: è un inganno.
Ogni legame serve solo per arricchire la tua esperienza sulla terra, non certo per riempirla.
Non c'è niente da riempire poiché la tua esistenza è già piena, non è fatta di vuoto!

Come appena riuscirai a concepire e realizzare anche solo idealmente la pienezza della tua vita, ti prometto che non avrai più necessità di creare attaccamenti disfunzionali. Perché tutti gli esseri umani saranno accessori, e mai
fondamentali; saranno arricchenti, e mai riempitivi.

La vita vera comincia quando ti svincoli da tutte le fonti di appartenenza intima a qualcosa che non risiede dentro di te. Libertà è liberarsi

di tutto quello che ti inchioda a sé,
fosse anche un sentimento meraviglioso. Non è comparabile alla libertà di essere
indipendenti e vivi
anche in assenza
di quel sentimento meraviglioso.

I traumi dell'attaccamento dell'infanzia: quali sono e come ricordare i traumi che ci stanno influenzando e disattivarli definitivamente

Ci sono comportamenti disfunzionali legati all'attaccamento, come per esempio quelli che sottendono l'attaccamento disorganizzato, che possono dare origine ad alcune turbe della personalità in età adulta. Come puoi capire se tu sei implicato in questa influenza del passato?
Osservati. Prova ad osservarti.
E dimmi:
Hai difficoltà a regolare e a contenere le tue emozioni?
Tendi a idealizzare eccessivamente gli altri?
Hai sperimentato un disturbo ossessivo compulsivo, o bulimia, o attacchi di panico frequenti, o ancora gravi esperienze di depersonalizzazione?

Vedi, i bambini che sviluppano un attaccamento disorganizzato hanno difficoltà a regolare le proprie emozioni, è una frenesia espressiva che non trova espressione verbale per mancanza del linguaggio, e allora scoppia in altre forme, perché il bambino non ce la fa a regolare tutta quella gamma di emozioni variopinte come la paura, la rabbia, la tenerezza, sono emozioni ingestibili, e il bambino non riesce a tradurle in parole, e perciò ad **organizzarle in un discorso coerente,** così da ordinare il tutto e renderlo magari più semplice da contenere e da sostenere. Hai idea di quanto possa essere traumatico avere un immenso universo interiore e non trovare le parole per comunicarlo agli altri?

Adesso però sei cresciuto. Hai imparato tutte le parole che da piccolo non ti erano note. Hai imparato a usare le parole giuste per esprimere i tuoi sentimenti. E hai imparato a usare le parole giuste per dissimulare i tuoi sentimenti.
Insomma, che sia per tradurre le tue emozioni o che sia per tradurre il nascondimento delle tue emozioni, tu adesso sai come gestire il linguaggio.

E questa è una risorsa preziosa, credimi. Perché se torni indietro nel tempo, con la memoria, e torni esattamente a quei momenti della tua infanzia in cui non sapevi comunicare quel che si agitava nel tuo universo interiore, io ti assicuro che puoi **recuperare** tutte le emozioni inespresse, e finalmente esprimerle! Anche se ormai non ti appartengono più.

È un errore credere che ciò che è passato non ci riguardi più, perché nell'inconscio non esiste il tempo, e perciò tutto quello che è stato traumatico nel passato, torna a farsi sentire nel presente e nel futuro.
Hai solo un modo per interrompere questa interferenza.

Ripercorri il tuo passato con la mente e cambia tutto quello che vuoi cambiare.

Ripercorri la tua infanzia, e parla con la bocca di quel bambino, che a malapena riusciva a farsi sentire con strepitii e strilli e lacrime.
Adesso tu hai ciò che mancava al bambino:
adesso tu hai la parola.

Avanti, che cosa aspetti? Devi riappropriarti dell'universo interiore del bambino che eri, riportarlo nel presente, tutto, senza tralasciare il minimo dettaglio, e trasformare tutto in parole, come se tu potessi essere un bambino prodigio che ha già la padronanza del linguaggio tipica di un adulto. Puoi farlo sul serio. Puoi resettare tutto.
Perché l'esperienza traumatica dell'infanzia risiede
nell'**incomunicabilità**,
ma tu adesso sai comunicare, sai farti comprendere, e sai trasferire con le parole ciò che senti, anche se magari tu dici di non essere poi così bravo, tu puoi farlo.

Attaccamenti adolescenziali

Hai mai vissuto un attaccamento particolare nel periodo della tua adolescenza?
Un attaccamento non solo rivolto a una persona, ma anche a un certo schema di pensieri, a un certo gruppo sociale senza il quale ti sentivi perso e inutile e insignificante, un attaccamento all'idealizzazione di un'amica o di una crush, un attaccamento a un insegnante della tua materia preferita, un attaccamento a un oggetto che per te aveva un grande valore, e che magari oggi a ripensarci, quel valore non lo trovi più, ti sfugge.

Dimmi, c'è stato?

Se la risposta è sì, vorrei chiederti se questo attaccamento ti è stato di impiccio a qualcosa oppure se ti ha agevolato nel tuo percorso di crescita.
Generalmente gli attaccamenti non agevolano.
Sono ingombranti, perché se tu ti attacchi a qualcosa, sei costretto a tenertela appiccicata addosso, e te la porti a spasso, e magari se devi passare in uno spazio stretto, il passaggio ti viene impedito proprio dall'ingombro del tuo stesso attaccamento.
È come se ti costruissi un ostacolo con le tue stesse mani.

Ecco il dramma dell'attaccamento.
Il vincolo. Il peso. L'ingombro.
Tu credi di essere *al sicuro*.
E invece sei solo entrato in un nuovo labirinto.

Attaccamenti in età adulta: come disintossicarci dalle relazioni tossiche.

In età adulta gli attaccamenti si trasformano spesso in relazioni tossiche. Ti sei mai chiesto come mai si chiamano tossiche, queste relazioni?
Vedi, noi sappiamo che anche un farmaco miracoloso, se assunto in dosaggi eccessivi, diventa tossico per l'organismo umano.
E perciò una relazione d'amore, sebbene parta dalla premessa di essere curativa, può degenerare e diventare tossica nel momento in cui i dosaggi di alcuni sentimenti sono eccessivi, non contenuti, non gestiti.

Ebbene sì, anche i sentimenti più belli possono diventare tossici. Ci hai mai pensato?

Le giostre. Le giostre sono meravigliose.
Ma se passi troppo tempo sulle giostre, puoi accusare sintomi di vertigini e nausea, che sono sintomi comuni nelle intossicazioni. L'intossicazione da adrenalina, l'intossicazione da felicità. Tutto questo esiste davvero.

Anche la felicità può intossicare se non la sai gestire.

Anche il sole, che è così importante per l'assimilazione della vitamina D, può procurarti insolazioni.
C'è, in tutte le cose, un risvolto negativo, perfino in quelle che noi crediamo perfette.

Però, a pensarci meglio, non sarà che la perfezione è esattamente la congiunzione delle qualità negative e delle qualità positive?
Voglio dire: e se l'imperfezione fosse la mancanza di una polarità?

Pensaci: se esistesse qualcosa che ha soltanto lati positivi, noi non potremmo giudicarla completa, perché sarebbe carente di lati negativi.
E se qualcosa è incompleto è anche imperfetto.
Per cui è più verosimile credere che la perfezione risieda esattamente in tutto ciò che include la polarità positiva e quella negativa, perché tutto ciò che include *tutto lo spettro delle possibilità* è già qualcosa di completo in sé.

Attaccamenti malsani nelle relazioni: molti attaccamenti possono portare alla sofferenza e alla chiusura di una relazione.
Come riconoscere gli attaccamenti malsano e curarli.

Come è possibile riconoscere gli attaccamenti malsani?
Beh vedi, la questione è abbastanza complicata.
Perché quando tu ci sei dentro, cioè quando tu vivi in prima persona il tuo attaccamento malsano, è difficile che tu riesca ad osservarlo da una prospettiva neutra e a riconoscere la tossicità di questo attaccamento. Quando ci sei dentro, quando sei immerso nelle cose tossiche, cominci a non sentire più il veleno, e persino il veleno ti sembra acqua pura per il semplice fatto che ci stai affondando dentro.
Non hai la più pallida idea di poter essere avvolto da qualcosa di velenoso.
Non hai la più pallida idea di poter essere coinvolto in qualcosa di pericoloso.

Pericoloso sì, per la tua relazione e per la tua psiche.
Pericoloso per la tua relazione perché ogni attaccamento produce sentimenti in eccesso, e come abbiamo detto, il sovradosaggio

può rendere tossico anche il migliore dei farmaci in commercio.

Pericoloso per la tua psiche perché l'attaccamento può deteriorare la stima della tua persona.

Può farti sentire incapace di cavartela da solo, incapace di trovare la felicità senza l'aiuto delle cose o delle persone a cui sei attaccato, può farti sentire in pericolo quando non sei con la persona a cui sei attaccato, perché inconsciamente associ l'attaccamento alle cure materne (che da bambino ti garantivano la sopravvivenza) alle attuali cure del partner magari... che non ti stanno certo garantendo la sopravvivenza!

Anzi, i ruoli si sono invertiti, perché semmai **sei tu** che stai garantendo la sopravvivenza a questo rapporto malsano!

È il rapporto malsano che ti deve la vita, non sei tu che devi la vita al rapporto malsano.

Riesci ad entrare in quest'ottica?

Ma certo che ci riesci.

Attaccamento alla morte: come liberarci dagli attaccamenti e dalle paure che ci distraggono dal momento presente.

Forse ti sorprenderà, o forse ti sembrerà scontato - a seconda del tuo temperamento individuale - ma ti assicuro che tra i vari attaccamenti malsani esiste anche l'attaccamento alla morte.

L'attaccamento alla morte è forse l'attaccamento al futuro, è l'attaccamento alla proiezione esasperata di ciò che ci aspetta nel futuro, la morte, appunto, traguardo massimo di quel che è possibile proiettare nella mente, traguardo ultimo di quel che è realizzabile nel futuro ultimo. Coloro che passano la vita ad *anticipare* gli eventi della vita, coloro che passano la vita ad *anticipare* la vita stessa, non fanno altro che perseguire l'ideale di anticipare qualsiasi cosa, finanche l'ora della morte.

E se la passano a vivere in una perenne anticipazione della vita, più che a vivere la vita.

La paura della morte è solo una diramazione della compulsione a proiettarsi nel futuro.

Ma la paura della morte può essere anche il supremo **attaccamento** alla vita.

Ti sembra paradossale?

Beh, non lo è, in effetti.

Perché più ami una cosa, e più temi di perderla.

Così, più ami la vita, e più temi di perderla.

Chi dice che aver paura della morte è solo una scusa per non vivere dice una grande sciocchezza.

In verità, se il giorno della morte potesse essere deciso dalla volontà, voi chiedeteglielo, chiedeteglielo pure, a quelli che hanno paura della morte, chiedeteglielo se penserebbero ancora a morire, o inizierebbero finalmente a vivere.

La verità è che spesso chi ha paura della morte si sta ribellando, attraverso il meccanismo della paura, al fatto che la vita debba finire. E quando uno si ribella a una fine, significa che ama profondamente quel che deve finire.

Chi ha paura della morte spesso non tollera l'imposizione della morte. Non tollera che qualcosa di incosciente debba decretare il termine della sua vita cosciente, che qualcosa di inanimato debba surclassare l'ultimo animato respiro.

Perciò, se hai paura della morte, prendi la tua paura della morte e trasformala! Trasformala in ciò che realmente è: **amore incondizionato per la vita.**

Credi che non si possa trasformare una paura nell'amore?
Io ti dico che è possibile.
Perché l'amore è la sorgente di tutto.
E quando tutte le cose ritornano all'amore, significa che tutte le cose ritornano a casa.
Se anche la paura diventa amore, non si snatura:
torna a casa.
Forse la paura è solo più lontana da casa, rispetto agli altri sentimenti più vicini all'amore.
Ma la sua lontananza non le impedisce di farvi ritorno, semplicemente devi fare un tragitto più impegnativo, quello sì.

Ma hai una vita davanti per superare la paura della morte.
Anzi, per *trasformare* la paura della morte.
Perché non devi evitarla, devi solo modellarla secondo la tua convenienza.

Il guaio di una pervasiva paura della morte è che ti impedisce di vivere con partecipazione il momento presente. Hai idea?
Se l'idea della morte diviene un assillo, è improbabile che tu riesca a mantenere la concentrazione sulle attività della vita, perché ogni attività vitale ti sembrerà - sempre, nell'immediato - destinata alla dissoluzione.
Così potresti cominciare ad avere il terrore di vivere, perché non vuoi affezionarti a qualcosa che potresti perdere da un momento all'altro.

È così?

Supererai questa paura definitivamente quando comprenderai la tua natura divina. E capirai che se l'inconscio non è soggetto alle leggi del tempo e dello spazio, allora l'inconscio può sopravvivere persino alla morte fisica.

L'inconscio è comparabile a quel che le religioni chiamano da millenni *anima*. Perché pare che l'inconscio possieda tutte quelle qualità che esulano dal rigore delle leggi fisiche incontrollabili, proprio come l'anima, secondo le religioni, non è soggetta alle limitazioni della materia.

Tuttavia, credere nel potere dell'inconscio contribuisce a dare maggiore credibilità alla teoria, in quanto è possibile sperimentare il suo potere illimitato attraverso pratiche meditative e rari esercizi spirituali.

Capitolo 10: Liberati dalle dipendenze: staccati da tutto ciò che provoca dipendenza!

- **Assumiti le tue responsabilità.**
- **Come evitare lo sviluppo di nuove abitudini negative.**
- **Interrompere la procrastinazione.**
- **Scoprire la tua creatività.**
- **Il tuo sistema di supporto.**
- **Come disintossicarsi.**

In questo esatto periodo della tua vita, sapresti indicarmi quali sono le cose che ti provocano dipendenza?
Quali sono le cose da cui non riesci a staccarti neppure se ti imponi con grande forza di volontà?

Qualunque siano le forme di dipendenza che in questo momento attanagliano la tua vita, voglio rassicurarti: c'è sempre un modo per disintossicartene.
È sufficiente trovare quel modo e applicarlo con costanza e dedizione.
Tutto qui.
Puoi farcela.

Il primo lavoro da fare è *interrogarsi* fino in fondo sulla tua dipendenza.
Poniti queste domande.
Perché ho sviluppato una dipendenza per questa cosa?

Perché mi attrae così tanto?

Che cosa mi attrae così tanto della mia dipendenza?

Che cosa diventerei, se io non ne fossi più attratto?

Quali sono le emozioni positive che scaturiscono dalla mia forma di dipendenza?

Potrei provare le stesse emozioni positive con altre passioni più sane?

Vedi, se ci rifletti bene, alla fine i flussi emozionali sono sempre gli stessi. Che sia una giornata di sole meravigliosa a darti felicità o che sia un abbraccio o che siano molte notifiche alla tua foto nuova con cambio di look sui social network, cambiano le radici causali, cambiano le fonti della tua felicità, ma è sempre la tua felicità che viene attivata - in misure diverse forse, ma stai pur sicuro che, al di là della tua dipendenza, esiste qualcosa che può renderti molto più felice.
Devi solo fare esperienza di questa cosa, rintracciarla e usarla per disintossicarti della tua dipendenza. Ma mi raccomando!
Ciò che usi per sostituire la tua dipendenza non deve diventare una nuova forma di dipendenza.
Cerca di mantenerti sempre *indipendente* dalla felicità che ti procura la nuova occupazione.
Sii consapevole che l'emozione della felicità è tua, è dentro di te, ti appartiene di diritto, e cercare qualcosa che la attivi è solo un bel passatempo, non è la verità ultima delle cose.

Cerca di assumerti le tue responsabilità attraverso una forte consapevolezza dei tuoi limiti.
Di' a te stesso: *sì, io ho un problema, d'accordo? io ho una dipendenza e devo uscirne, per il mio bene, e per il bene di chi amo.*
Posso superare la mia dipendenza? Ma certo che posso. Ho già superato tante cose che io credevo insuperabili, nella mia vita.

Un'altra delle cose che dovrai fare assolutamente è interrompere il vizio della procrastinazione.
L'unica maniera di ritrovare la tua passione in mezzo a quelle che sono state le tue dipendenze è dedicare tutto te stesso al tentativo di comprendere quanto effettivamente quell'attività corrisponda alla tua passione. E per comprenderlo è necessario evitare di rimandare a domani ciò che devi fare oggi. Se vuoi liberarti in fretta delle tue dipendenze, non rimandare ai giorni seguenti la riscoperta dei tuoi talenti e delle tue passioni che non hanno le caratteristiche malsane di una dipendenza.

In effetti la procrastinazione potrebbe essere un indizio del fatto che tu non sei abbastanza motivato a scoprire la tua passione o il tuo talento, o magari hai paura di non trovare quello che ti aspettavi durante la ricerca, e perciò preferisci rimandare a un tempo indefinito la tua ricerca per spostarla più avanti possibile nel tempo, e mantenere in sospeso la tua paura.
Ecco, forse la procrastinazione è ciò che ti consente di restare in uno stato di dubbio, teso a evitare la scoperta di qualcosa di te che proprio non ti piacerebbe scoprire. Beh lascia che ti dica che devi superare la paura di scoprire se stesso: non c'è niente che possa essere assolutamente negativo dentro di te, anche ciò che è

socialmente inaccettabile nasconde qualcosa di positivo per il solo fatto che le convenzioni sociali sono state decise dagli esseri umani e non hanno niente di divino.

Perciò le convenzioni sociali non rappresentano la verità assoluta, se ciò che si agita dentro di te si discosta da queste convinzioni non significa che tu sei sbagliato, significa solo che il tuo giusto è diverso dal giusto degli altri.

Una volta che avrai interrotto il circuito della procrastinazione finalmente potrai scoprire la tua creatività, che esisteva in te allo stato latente anche quando tu credevi di essere un buono a nulla, la tua creatività non ha smesso un secondo di esistere, te lo assicuro, perché noi esseri umani siamo fatti a immagine e somiglianza della creazione universale, e perciò **non esiste creatura che non sia a sua volta destinata a divenire creatore.**

C'è chi lo scopre prima e chi lo scopre dopo, ma tutti presto tardi saremo candidati a diventare creatori degli stessi giochi con cui adesso stiamo giocando, come quando smetti di andare alle giostre perché ti annoi, e ti sale la voglia improvvisa di diventare il progettista di quelle giostre, al fine di renderle meno noiose.

Si inizia dalle piccole cose, creare una nuova combinazione di cibi, cioè di sapori e di colori e di odori, è già un atto creativo, creare una nuova combinazione di vestiti, cioè di consistenze tattili, di colori, di odori, assemblare un mazzo di fiori, assemblare cinque parole sul foglio, qualche nota musicale, qualche linea di un disegno, qualche perla di un bracciale, tutto è creatività, qualunque combinazione di elementi già esistenti è già la tua creazione. Tu sei programmato per creare. Anche quando pronunci una frase combinando parole che a nessuno è mai venuto in mente di combinare insieme, cioè in quel dato ordine, tu hai creato un nuovo modo di espressione.

Ecco come tu passi tutti i giorni a creare senza nemmeno sapere che stai creando qualcosa, tanto è spontanea la modalità creativa insita nella natura umana.

Che ne dici se rendi consapevole questo processo creativo cercando di capire dove incanalare la tua tensione creativa? Vale a dire cioè cercando di capire quale attività creativa ti riesce meglio e magari può rivelarsi anche produttiva per un progetto lavorativo futuro. Insomma si tratta di rendere produttiva la tua espressione creativa.

Non devi far altro che interrompere il vizio comportamentale della procrastinazione, e dedicarti alla ricerca della espressione creativa cucita su misura per te.

Scommetti che appena troverai la tua espressione creativa, il processo di disintossicazione sarà spontaneo e automatico?

Sarai così assorto nella tua espressione creativa, da non riuscire a pensare ad altro, come succede agli artisti, che creano a un passo dalla veglia, a un passo dal sogno, a un passo dalla morte, gli artisti non li puoi distogliere dalla loro opera, perché in quell'opera risiede la miniatura della loro essenza.

Quando tu troverai la tua espressione creativa, diventerai **artista**.

Perché non è vero che artisti si nasce.

Artisti si diventa.

Tutti nasciamo con un talento.
E l'artista è solo un essere umano che è stato bravo a rintracciarlo.

E se in questo momento tu stai pensando:
no, ti sbagli, io non ho nessun talento!

Allora dimmi:
considerando il numero di *possibili* talenti che possono dimorare in noi in stato latente,
non credi che richieda talento perfino il fatto di
affermare "io non ho nessun talento"?

Sì, un'affermazione simile richiede talento.
Se tu sostieni di non aver nessun talento, si suppone che tu abbia già passato in rassegna tutte le possibilità latenti di tutti i possibili talenti esistenti.
Quindi, se non altro, questa operazione richiede il talento della perseveranza nei tentativi di identificazione, smistamento, ed esclusione.

Insomma, ti sorprende sapere che così dicendo avresti già un talento tripartito?

Fidati di me, quando scoprirai il tuo talento, scoprirai automaticamente il modo per disintossicarti da ogni forma di dipendenza, perché il talento ti assorbe completamente e non ti lascia vagare per zone che possono corromperlo, non ti lascia fare ciò che rischia di sottrargli tempi e modi di creazione, il talento è autoritario e dittatoriale, forse è per questo che nessuno vuole trovarlo e si preferisce dire di non averlo:
perfino il talento richiede impegno.

Tu credi che le persone talentuose producano opere d'arte senza impegnarsi?
E se ti dicessi che il più grande talento è proprio quello di *saper supportare il talento* con l'impegno?

Il talento non basta, se non è supportato da una grossa spinta motivazionale.
E la spinta motivazionale può giungere da qualunque emozione, *anche dalla frustrazione di non avere talento.*
Hai idea di quanto carburante possa costituire il senso di sconfitta?
La volontà di rivalsa?
La volontà di dimostrare a te stesso che tu puoi essere migliore di così?
E persino la volontà di sorprendere te stesso.

Hai mai desiderato che qualcuno fosse in grado di sorprenderti sempre?
Scommetto che l'hai desiderato, sì.
Ma non hai mai pensato di poter essere tu, proprio tu, a tentare di sorprenderti costantemente?

Se tu riesci a sorprendere te stesso, è come se tu convivessi per tutta la vita con una persona sorprendente.

Non lo trovi... sorprendente?

Essere la tua persona giusta.

Semplicemente trovando l'attività che ti riesce meglio e coltivandola fino al punto in cui le tue stesse creazioni saranno di un genio tale che inevitabilmente ti sorprenderà.

Adesso che sei a conoscenza dell'origine dell'attaccamento, adesso che sai dell'esistenza di teorie psicologiche formulate sull'attaccamento, e adesso che forse ti sei riconosciuto in qualche stile di attaccamento malsano, non hai più scuse.
Dico davvero.
Non hai più scuse per rimandare a chissà quando il tuo percorso di autoguarigione.
Hai tutti gli elementi a disposizione per cominciare un'indagine dentro te stesso, per rintracciare i problemi, e finanche per rintracciare la soluzione ai problemi.
Non hai più scuse.
Devi solo mantenere saldo
l'impegno di essere felice.

Quanto è forte la tua volontà di essere felice?
Quanto è forte la tua volontà di sentirti in pace con te stesso e con il mondo?

Liberarsi dall'attaccamento non è solo garanzia di maggiore felicità, ma è anche garanzia di maggiore stabilità, serenità interiore, insomma, di un vero e proprio ritrovamento della pace.

Individua il punto esatto della tua personalità che rende possibile la tossicità dell'attaccamento.
Individua il ricordo più triste che hai, in relazione a un attaccamento tossico.

Ascoltati.

Ascoltati.

Lo vuoi riprovare?

Vuoi davvero riprovare quelle sensazioni malsane prodotte da un attaccamento malsano?

Capitolo 11: È ora di sganciarsi dall'impulsività e imparare le fondamenta del dialogo.

Gli aspetti fondamentali del dialogo per creare una comunicazione più profonda con la tua dolce metà.

- **Apertura.**
- **Sincerità.**
- **Comprendere i sentimenti.**
- **Una corretta espressione.**

Sai che cosa è in grado di distruggere un'intesa vincente? L'impulsività.

L'impulsività è puro veleno, perché essendo il movimento emozionale più repentino e immediato, non contempla la tappa di immedesimazione nell'altro. Non fa in tempo a contemplare questa tappa. Vale a dire cioè, l'impulsività non concede il tempo necessario ad immedesimarsi nell'altro, perciò ecco che il gesto impulsivo, o la parola impulsiva, sono sempre caratterizzati da un'insufficienza grave.

Agire e parlare solo in forza del proprio punto di vista. L'unica spinta che muove la parola o il gesto impulsivi è la spinta ego riferita e autoreferenziale.

Nella tua impulsività ci sei solo tu.

Nella tua impulsività non c'è posto per chi ti sta accanto.
Ed è questo, probabilmente, il motivo principale che rende l'impulsività una delle principali colpevoli della rottura di una relazione.
La relazione funziona finché i due parlanti riescono rispettivamente a immedesimarsi nel linguaggio e nelle emozioni dell'altro. La relazione funziona finché tu non ti fermi all'aspetto formale delle parole, ma ti interroghi cautelativamente su quale possibile impeto emozionale le abbia prodotte, e ti domandi perché sono state dette proprio quelle parole, perché sono state disposte proprio in quell'ordine, perché sono state pronunciate proprio con quell'intonazione.
La relazione funziona finché non ti stanchi di esplorare la psiche della persona che ami,
perché interrogarsi sui meccanismi psichici che fanno generare certe parole significa avere una profonda curiosità per la persona che pronuncia quelle parole.
Capisci?

La curiosità è un atto d'amore.

Le manifestazioni della curiosità sono integrabili esattamente all'interno della comunicazione.
Perché tu puoi manifestare curiosità, ad esempio, per il significato che il tuo partner dà a una parola X, e una volta che quel significato ti è chiaro, puoi evitare tutti i fraintendimenti che ne deriverebbero. Voglio dire, se tu e il tuo partner date a una stessa parola X un significato completamente opposto, beh, non sorprenderti se un giorno potrai trovarti impigliato in un devastante fraintendimento!

L'immissione di significati eccessivamente distanti tra loro, all'interno delle stesse parole, giustifica
la pletora più fastidiosa dei sintomi dell'incomunicabilità.
E sappi che l'amore si smarrisce assieme allo smarrimento della comunicazione.
Non è un vecchio proverbio.
È una deduzione logica.

C'è chi dice che l'amore non ha bisogno di parole.
Beh, potrebbe essere vero, ma solo parzialmente.
Il linguaggio è il prolungamento del nostro essere. Il linguaggio è la nostra modalità espressiva naturale, perché le corde vocali producono naturalmente suoni di varia complessità.
Il linguaggio è ciò che ci consente di interagire, di ridere, di piangere, di arrabbiarci, di riappacificarci.
È un motore fondamentale delle emozioni umane fondamentali.
Capisci?
Non si può liquidare il linguaggio, marginalizzandolo a semplice accessorio, in una relazione sentimentale.
Capisco che sono importanti gli sguardi, i gesti, i respiri, ma dimmi: quando tu osservi uno sguardo d'amore o un gesto d'amore, non cerchi *automaticamente* di interpretarlo?
E come fai ad interpretarlo, se non pensando - pensando con le parole - cioè elaborando un pensiero con il tuo linguaggio?
Vedi, allora, come il linguaggio è precisamente il prolungamento dell'essere. E quanto più esatto sarà il tuo linguaggio, tanto più esatto sarà il tuo stesso esistere.

Quando l'esattezza del tuo esistere è in sintonia con l'esattezza dell'esistere del tuo partner, non c'è pericolo di incomunicabilità, non c'è pericolo di impulsività, non c'è pericolo di fraintendimento:
ci siete solo voi, con i vostri sistemi linguistici perfettamente in risonanza. E se qualche volta sarete in disaccordo su qualcosa, beh, almeno saprete che quel disaccordo sarà sincero, fondato su un intendimento esatto, e non certo fondato su un fraintendimento!

Sviluppare l'apertura e la sincerità.

Dopo esserti assicurato che le vostre modalità di espressione sono in sintonia, dovrai occuparti di due parametri fondamentali per una comunicazione migliore col tuo partner:
l'apertura e la sincerità.

L'apertura è letteralmente *aprirsi* alle possibilità inesplorate di qualunque aspetto della realtà.
L'apertura mentale è evitare di irrigidirsi sulle proprie posizioni, convinzioni, sui propri modelli di comportamento.
Questo atteggiamento può far di te una persona negativa, a tratti irritante, perché la mancanza di apertura ti rappresenterà come qualcosa di chiuso, e magari darà agli altri una sensazione di claustrofobia.

L'apertura si instaura nell'ascolto interessato alle parole del tuo partner. Motivato dalla curiosità, non potrai fare a meno di indagare sulle convinzioni del tuo partner, e non farai di tutto per sovrastarlo con le tue convinzioni, perché quel che conta davvero è **scoprirsi,** non certo **primeggiare o avere ragione o vincere una discussione.**

Apertura significa essere pronti a mettersi sempre in discussione, apertura è una forma di umiltà intellettuale, perché è data dall'intuizione che c'è qualcosa che non abbiamo ancora afferrato, per via dei nostri limiti cognitivi, e noi siamo pronti ad accettarlo, quando qualcuno ci mette di fronte ai nostri limiti.
Tutto qua. Non è difficile. Basta semplicemente capire che **noi non siamo le nostre credenze.**
Noi siamo energia che oscilla, in costante dinamismo, e perciò la contraddizione non è una forma di incoerenza, è un modo di essere in coerenza con il nostro dinamismo strutturale.
Non siamo immobili.
Siamo continuamente in movimento.
E allora perché le nostre idee dovrebbero pietrificarsi?
Perché le nostre convinzioni dovrebbero immobilizzarsi?

Un altro aspetto fondamentale della comunicazione è la sincerità. Mai reprimere un consiglio per paura di ferire il nostro interlocutore. Lo feriremmo molto di più, con la disonestà.
Essere sinceri significa essere onesti, intellettualmente ed emotivamente.

I problemi più comuni che mettono a dura prova le relazioni:

- Voglia di imporsi.
- Voglia di reagire.
- Aggressività.
- Poca fiducia.
- Gelosia.
- Disonestà.
- Dipendenza.
- Gestione delle finanze.
- Tradimenti.

Sì, la voglia di imporsi è assolutamente da eliminare, se vuoi una relazione stabile e sana.

La voglia di imporsi non è altro che un effetto imbarazzante dell'ego, che vuole conquistarsi qualcosa e non sa nemmeno cosa diavolo sia, è una brama quasi animale, se ci pensi bene, la voglia di imporsi non arricchisce nessuno, né te né il tuo partner, arricchisce solo il tuo ego.

Non sto dicendo che devi rinunciare al tuo ego, chiariamoci. Sto dicendo che puoi rinunciare ai suoi aspetti più distruttivi. Puoi farlo.

Tu esisti indipendentemente dal tuo ego.

Puoi liberarti dei suoi difetti, che poi si confondono con la tua stessa personalità.

E tu non li vuoi, i difetti del tuo ego.

Anche la voglia di reagire a tutti i costi può essere pericolosa.
Se diventa un'abitudine, un vizio, per così dire.
Reagire costantemente a tutto, sentire la necessità di dover sempre agire a tua volta in vista di un'azione.
Re-agire.
Talvolta reagire impedisce di osservare.
Reagire sempre, sempre, sempre, ti pone in una condizione di allerta, capisci? Non ti consente di penetrare nelle cose, perché è nell'intervallo di tempo che separa un'azione dalla tua reazione, è tutto lì, in quel ritaglio di tempo, che si concentra la *riflessione*.
E tu quanto rifletti davvero, prima di reagire?

Più riflessione, meno reazione.
Soprattutto: meno reazione impulsiva.

E che dire poi dell'aggressività?
C'è davvero bisogno di spiegare le ragioni per cui l'aggressività rovina sempre tutto?
L'aggressività non è umana. È disumana.
È una forma primitiva di comunicazione.
È una forma di miseria, di grande povertà.
Perché l'aggressività si sostituisce alle parole, e avanza laddove non possiedi abbastanza parole.
E oltre ad essere una forma di povertà del linguaggio, è anche una forma di autodistruzione.

Non esiste aggressività rivolta all'esterno che non si ripercuota poi nella nostra interiorità.
La legge di risonanza dice:
ciò che emani è ciò che assorbi.

Se tu emani aggressività, assorbirai aggressività.
Perciò non sorprenderti se i tuoi modi aggressivi si ripercuotono su di te in maniere impreviste.
Cambia ciò che trasferisci agli altri, e cambierai ciò che la vita trasferisce a te.

E che dire poi, della mancanza di fiducia in una coppia? Oserei pensarla come qualcosa di piuttosto limitante.
Insomma, credi davvero che una relazione possa funzionare nonostante la carenza di fiducia?
La carenza di fiducia è il motore di moltissimi comportamenti disfunzionali: dalla gelosia, al possesso, all'ossessione del controllo, fino alla rabbia, all'impotenza, al desiderio di mollare tutto.
La carenza di fiducia è in grado di annullare l'effetto dei migliori placebo. E i placebo distruggono i peggiori dolori.
Ti basta sapere questo?

La dipendenza, la gestione delle finanze e i tradimenti sono tre problemi differenti, eppure sono strettamente connessi.
La dipendenza può essere anche di natura economica, e appoggiarsi così al problema della gestione delle finanze, e quando la dipendenza economica si impone sul sentimento, è possibile che scatti il meccanismo del tradimento, come per una sorta di ripicca. Come se il partner, sentendosi sfruttato dall'eccessivo interesse per i suoi affari economici, si sentisse legittimato a tradire, per fargliela *pagare*, anche se non con il denaro.
È uno strano intruglio psicologico.
Ma esiste.

Ed è bene prenderne consapevolezza.
Perché si tratta della tua ricerca.
La ricerca degli schemi comportamentali tipici degli esseri umani.
La tua vita, la tua ricerca.
La tua ricerca è la tua vita.
Quando smetti di ricercare, non stai vivendo.
Perché una vita senza ricerca è una vita senza curiosità,
e una vita senza curiosità
è una vita senza possibilità di sorprendersi.

E che cos'è la felicità più grande se non la capacità di potersi sorprendere?
Conosci felicità maggiore dello sbalordimento?

C'è chi associa il concetto di felicità al concetto di beatitudine.
Lasciami dire che io non sono assolutamente d'accordo.
Esistono forse diversi tipi di felicità.
La felicità *quieta* è beatitudine.
La felicità *dinamica* è sbalordimento.

La felicità quieta è probabilmente quella che si può provare in un momento di piacere fisico, dove non hai potere su quello che ti accade, e quindi sei in uno stato di passività in cui accogli semplicemente le sensazioni piacevoli.

Molto più interessante a mio avviso è la felicità dinamica, che consente di partecipare attivamente ai tuoi movimenti interiori, e quasi di controllarli, ad esempio quando produci arte, quando scrivi, quando disegni, quando crei musica, insomma quando generi delle combinazioni e delle associazioni innovative di elementi, quando organizzi la struttura delle parole, delle linee, dei suoni, e all'improvviso ti accorgi, mentre lo fai, che stai creando qualcosa di sorprendente, perché tu stesso ti sorprendi di ciò che associ, quando le associazioni che ti vengono in mente sono così insospettabili che ti domandi: ma come mi è venuto in mente? Ecco, quella è pura felicità dinamica. Tu sei il movimento delle cose che muovi, e puoi scegliere tu quando fermarle, quando fermarti, puoi togliere la penna dal foglio quando vuoi, puoi frenare il flusso di idee quando ti pare, sì, in quel momento tu non ti assoggetti a una sensazione psicofisica, tu sei il *creatore* e il *regolatore* della tua sensazione psicofisica.

Nella combinazione sempre nuova di forme e di colori e di suoni, tu segui il ritmo della esibizione dei tuoi pensieri e della tua fantasia.

E questo meccanismo può aumentare in maniera grandiosa la tua autostima!
Prova a scrivere una poesia.
Non ti piace?
Scrivine un'altra.
Non ti piace?
Provaci ancora.
Per la legge dei grandi numeri, arriverà il momento di una combinazione di parole azzeccata, e quel momento così atteso sarà così esaltante, che alla fine penserai: wow, ora sono stato proprio in gamba!

E sentirai la brezza del potere di creazione, e sentirai che l'impegno e la ripetizione ostinata ti hanno premiato, che finalmente sei riuscito ad ottenere la combinazione vincente di parole.

E non dovrai dimostrare a nessuno che sei stato bravo, perché lo saprai da te, che sei stato bravo.
Non è forse questa la consapevolezza, dopotutto?
Essere consapevoli delle proprie capacità e dei propri limiti.
Essere consapevoli partendo esattamente dal motore che attiva il senso di sorpresa. Se quel che crei ti sorprende, allora hai fatto un buon lavoro.
Se quel che crei ti lascia indifferente, allora devi ripetere il lavoro.

Non è impossibile da applicare. È il metodo della consapevolezza. Studiare le tue reazioni per prevedere le reazioni degli altri. Studiare le tue impressioni per prevedere le impressioni degli altri.
E poi, diciamocelo pure, non è meraviglioso quel momento in cui andiamo a verificare se le nostre previsioni erano corrette?

Come quando leggi un dibattito su un social network solo per vedere se le tue previsioni circa la fine del dibattito erano corrette. Questo è un metodo di autoanalisi e perciò di autoconoscenza, perché ci permette di valutare l'esattezza della nostra percezione relativa ai comportamenti altrui.

Capitolo 12: Comunicazione: i 7 modelli e stili comunicativi per migliorare la comunicazione nel rapporto e nel matrimonio.

Pare che ciascun individuo, pur essendo unico, abbia un modo standardizzato di comunicare. La ricerca ha individuato tre principali stili comunicativi:
stile passivo, stile aggressivo, stile assertivo.
Dopodiché, altri ricercatori hanno evidenziato la presenza di altri tre stili: passivo-aggressivo, aggressivo-passivo, manipolativo.

Andiamo con ordine e prova a individuare se ritrovi te stesso in uno degli stili descritti.

Stile passivo:

La caratteristica principale dello stile aggressivo è la difficoltà, se non un vero e proprio rifiuto, ad esprimere i propri sentimenti e le proprie opinioni, probabilmente perché ritenuti inutili da comunicare, colui che possiede uno stile passivo tende a sottovalutare i suoi pensieri e i suoi punti di vista, riferisce di percepire gli altri come superiori a lui, ha paura del giudizio degli altri, fatica a dire di no, è facilmente sottomesso al volere altrui, generalmente non propone iniziative, e pertanto i suoi bisogni e i suoi desideri non occupano mai il primo posto nella comunicazione; semmai, lo stile passivo indica la tendenza a voler soddisfare bisogni e desideri degli altri, per ottenere l'approvazione dell'interlocutore.

Generalmente però lo stile passivo genera sentimenti di noia e irritazione nell'interlocutore, probabilmente motivati dal silenzio, dall'evitamento e dalla mancanza di partecipazione attiva ai discorsi intrapresi - comportamenti, questi, che lo stile passivo mette in atto per avvalorare la sua tesi del rischio incombente di dire qualcosa di inutile, o di sbagliato, o che comunque genererà disaccordo e disistima da parte dell'interlocutore, circostanza che lo stile passivo cerca accuratamente di evitare.

Stile aggressivo:

All'opposto, lo stile aggressivo è caratteristico di chi tenta di prevaricare sugli altri e tiene conto solo dei suoi bisogni e desideri. Chi ha uno stile aggressivo crede di essere immune all'errore, tant'è che lo proietta sempre sugli altri, e presenta una certa rigidità nella conservazione delle sue idee e opinioni in generale.

Generalmente ha il costante desiderio di vincere le discussioni, di dominare sull'altro, mettendo anche in atto espedienti per denigrarlo, è inoltre estremamente competitivo, invadente, e può generare sentimenti di paura o svalutazione nell'interlocutore. Chi ha uno stile aggressivo tende a credere che la migliore difesa sia l'attacco, e che se non ti mostri forte gli altri finiranno per approfittarsi di te e per schiacciarti. Anche se gli interlocutori dello stile aggressivo possono accettarlo per un po', alla lunga tendono ad isolarlo perché sentono lo stress da lui provocato.

Stile assertivo:

Lo stile assertivo si distingue per la capacità di fare context-switching, e cioè di saper variare e adattare la propria comunicazione in base al contesto in cui ci si trova e all'obiettivo che ci si prefigge.

Lo stile assertivo prevede un'onesta espressione dei propri bisogni, svincolata da emozioni negative come rabbia o paura. In genere, l'assertivo comunica anche in assenza del linguaggio verbale, ad esempio facendo cenni con il capo, oppure mostrando particolare interesse nell'ascolto, regolando sistematicamente postura e intonazione della voce, a seconda di quello che intende comunicare. L'assertivo ha una buona stima di sé e delle sue idee, non teme il giudizio degli altri, e non ha bisogno di svalutarli per sentirsi superiore a loro: il suo obiettivo non è prevaricare, ma è migliorare le relazioni sociali ed evitare i conflitti.

Stile passivo-aggressivo e stile aggressivo-passivo:

Benché la classificazione possa ingannare, è necessario chiarire che esiste una efficace differenza tra lo stile passivo-aggressivo e lo stile aggressivo-passivo.

Colui che ha un comportamento passivo-aggressivo mostra prevalentemente uno stile passivo, ma tende ad essere aggressivo con coloro che percepisce più deboli. Come si suol dire "debole coi forti e forte coi deboli". Ti è mai capitato di assistere alla scena di una persona spavalda che diventava docile come un agnellino di fronte a personalità autorevoli?

Colui che ha un comportamento aggressivo-passivo mostra invece prevalentemente uno stile aggressivo, ma è possibile che diventi passivo in seguito a delusioni che mettono a dura prova le sue certezze.

Se una persona sicura di sé viene considerata insignificante dal gruppo sociale in cui è inserita, potrebbe cominciare a chiudersi in se stessa, per una sorta di difesa.

Stile manipolativo:

Il comportamento manipolativo non deve indurti a pensare che descriva sempre strategie malvagie di persuasione. Tutt'altro. Esistono tre principali strategie manipolative, e probabilmente anche tu ne avrai messa qualcuna in pratica nel corso della tua esistenza. Esse sono: il comportamento colpevolizzante, il comportamento inferiorizzante, il comportamento imprevedibile.

Nel primo caso, possiamo prendere in esame una frase tipica delle madri in apprensione per i figli, che magari dicono qualcosa del genere: "se non finisci di mangiare questo piatto, farai chiudere lo stomaco anche a me" per indurre i figli a mangiare.

La colpevolizzazione spinge le persone a comportarsi in un certo modo per evitare sensi di colpa. Ecco perché si parla di manipolazione colpevolizzante. In effetti, inserendo osservazioni tali per cui si potrebbero innescare sensi di colpa nell'interlocutore, si sta *manipolando* la sua psiche.

Che lo si faccia intenzionalmente o inintenzionalmente, poco importa.

Quanto alla manipolazione inferiorizzante, possiamo trovarne dei validi esempi comunicativi nell'ambito del lavoro, come quando un direttore rimprovera un suo impiegato di "sbagliare sempre", per spronarlo a lavorare meglio.

E l'impiegato, non di rado, potrebbe anche smettere di lavorare, perché si convince che "lavorare equivale sempre a sbagliare".

Bene, dopo questa disamina approfondita dei principali stili comunicativi, torniamo a noi.

Dimmi: in quale di questi stili ti sei riconosciuto?

Hai trovato difficoltà a vedere te stesso in una delle presenti descrizioni, o ti è venuto istintivo collocarti in una di esse?

Credi che il tuo **attuale** stile comunicativo sia anche il tuo **ideale** stile comunicativo?

Oppure senti di poter ambire a uno stile migliore?

Lascia che io ti dica una cosa: se hai avuto il presagio che esistesse uno stile comunicativo migliore del tuo, allora prendilo come un segnale di svolta. Questo è il momento giusto per operare una trasformazione dentro di te, e diventare il tuo **sé ideale.**

Se riesci a raggiungere il tuo modello ideale di comunicazione, stai pur certo che puoi cominciare a dire addio ai rimpianti.

Probabilmente tutte le parole che usciranno dalla tua bocca saranno serenamente consapevoli, e tu uscirai autonomamente dalla trappola della prevaricazione sull'altro o della autosvalutazione.

La tua comunicazione sarà semplicemente un tentativo di conoscere, di ricercare, di comprendere, di apprendere, di interpretare.

Non ci saranno più le esigenze puerili dell'ego di voler avere ragione, di voler essere impeccabile, di voler fare sempre bella figura, di volerti dimostrare superiore ai tuoi rivali. Questi desideri compulsivi annientano la purezza della comunicazione.

E aumentano il rischio di farti apparire fastidioso o capriccioso agli occhi dei tuoi interlocutori.

Le persone percepiscono i discorsi costruiti, percepiscono i tentativi esasperati di farsi apprezzare. Li capiscono subito, sul serio.

Oroscopo e il potere dell'affinità di coppia per comprendere i migliori legami tra i segni zodiacali.

Quanto ti fidi dell'oroscopo?
Quanto ti lasci condizionare da quel che leggi nell'oroscopo?
Non voglio farti una ramanzina, sia chiaro.
Non voglio dirti che gli oroscopi sono scritti seguendo pattern psicologici più o meno universalizzabili, e che in virtù di questi pattern universalizzabili qualsiasi essere umano può riconoscersi nelle previsioni degli oroscopi.

Sicuramente c'è qualcosa di vero negli oroscopi scritti da ricercatori astrologici veri.
Il fatto è: li sai riconoscere?

Imparare a dire di no e imparare ad accettare un no.

Già.
Dire di no non è affatto semplice.
Accettare un no, beh, forse è anche più dura.

Dire di no prevede il rischio di poter deludere il nostro interlocutore. E chiunque abbia un temperamento passivo, cioè tendente ad aver paura di deludere gli altri, di non soddisfare le aspettative degli altri, troverà assolutamente complicato far valere il proprio **no**.

È possibile che le persone con questo tipo di temperamento riescano persino ad accontentarsi di circostanze assolutamente inaccettabili per loro.

E pur di non dover dire quella parolina, quel banalissimo no, riescono ad adattarsi a situazioni che mal tollerano. Questo atteggiamento, a lungo andare, può scombussolare l'ambiente psicologico della persona, poiché ogni no negato è una repressione dei propri bisogni e dei propri desideri.

Credimi, non si vive per soddisfare le aspettative degli altri, non sei qui a fare questa esperienza preziosa della vita per rendere più agevole la vita degli altri! Come puoi allestire le migliori circostanze della vita degli altri se a malapena conosci le migliori circostanze della tua vita?

Perché non ti occupi di fare esperienza delle migliori circostanze della tua vita, invece di sentirti continuamente responsabile delle comodità della vita degli altri?

Ricordati che talvolta donare un ostacolo a una persona può farle molto più bene che donarle una comodità. È dall'ostacolo che si impara a riflettere, a pensare, perché è dal desiderio di superare l'ostacolo che nascono le prime strategie,

e affinché nascano queste strategie c'è bisogno di lavorare mentalmente.

Che cosa si impara dalle comodità, invece?

Accettare un no.

Accettare un no significa mettersi nelle condizioni di coloro a cui abbiamo paura di dire di no.

pensaci: se tu impari ad accettare un no, è chiaro che ti risulterà

più facile anche dire di no, perché saprai che l'accettazione dei no non è poi così brutale come immagini, l'hai sperimentata in prima persona.
Accettare un no significa prepararsi a dire di no.

Impara l'arte del distacco per riaccendere il fuoco nella coppia.
Mai soddisfare tutte le richieste del partner:
si rischia di far perdere l'interesse.

Forse ti sembrerà paradossale ma imparare a mantenere una certa distanza dal partner contribuisce all'accensione del fuoco nella coppia.
Vedi, il desiderio più autentico dell'essere umano non è la realizzazione del desiderio, ma l'atto stesso del desiderare, e se tu procedi alla realizzazione del desiderio togli la possibilità al tuo partner di continuare a desiderare. Il dinamismo di continuare a desiderare è ciò che tiene acceso il fuoco, proprio perché **desiderare** richiede movimento, a differenza di **soddisfare il desiderio** che può prevedere anche la completa immobilità.
E tu hai mai visto un fuoco ardere immobile?
Ecco forse perché si dice desiderio bruciante, perché il movimento è tanto e tale da renderlo assolutamente pericoloso per la stasi, per l'immobilità, per la pietrificazione emozionale, e allora brucia pur di non fermarsi un secondo.

Non devi necessariamente essere distaccato per tutto il tempo, puoi anche scegliere di oscillare tra l'attaccamento sano e il distacco sano. Dopo un periodo di vicinanza è altrettanto ottimale provare un periodo di lontananza.
Non è vero quello che ci fanno credere nelle favole a lieto fine, non è vero che l'amore vero prevede una vicinanza esasperata, costante e quotidiana al partner, come se ci si potesse sentire incompleti se, per qualche giorno, questa vicinanza si interrompesse. Non è vero.
Perché la vicinanza portata ai suoi estremi finisce spesso per assumere le caratteristiche di una abitudine, e ricordati che anche la felicità, quando è l'unico stato di coscienza che possiamo esperire, diventa assolutamente fastidiosa, ingombrante e invadente. La felicità necessita di essere rinforzata dalla sua assenza.
La felicità si nutre del vuoto di felicità, per vivificarsi nell'impatto che segue al vuoto di felicità.

Non ti sto chiedendo di creare condizioni di tristezza o dolore, non fraintendermi. Ti sto chiedendo di fare esperimenti, perché la creazione della nostalgia non passa necessariamente per il dolore. Non so se mi segui.
La creazione della nostalgia non è connessa al dolore.
Il sentimento nostalgico si genera semplicemente da un allontanamento provvisorio dall'oggetto del desiderio. E c'è una bella differenza tra la tristezza e la nostalgia. La nostalgia, a differenza della tristezza, è un'emozione che serve a ri-densificare, a consolidare il desiderio.
Affinché il desiderio sia possibile, è necessario che ci sia un percorso che si intermezza tra te e l'oggetto del tuo desiderio,

giusto? Se tu ti trovi già alla fine del traguardo che segna la tua corsa, non hai più nulla da desiderare, perché sei già arrivato.
Il traguardo si brama solo mentre stai correndo.

Perciò quello che ti chiedo è di creare ciclicamente nuovi traguardi, una volta che sarai giunto al primo traguardo, una volta che il tuo partner sarà giunto al primo traguardo. In questo modo, la noia prodotta dalla soddisfazione del desiderio non avrà nessuna possibilità di manifestarsi, perché sarà immediatamente sostituita dal desiderio di soddisfare un nuovo traguardo.

Relazioni a distanza.

A proposito di desiderio e di necessità del distacco provvisorio, ti dice qualcosa l'espressione: relazione a distanza? Si può dire che le relazioni a distanza rispondono perfettamente all'esigenza di creare una situazione di distacco transitorio per solidificare il desiderio complessivo.

Perciò non stupirti se ti capita di osservare due persone che si abbracciano in maniera appassionata alla stazione: è precisamente la stazione che ospita il desiderio già rinforzato dalla nostalgia, e la passione che si manifesta in quell'incontro sottende in maniera inequivocabile la necessità del distacco amoroso, al fine di rinvigorire l'emozione desiderante.

Spesso le persone tendono a dubitare di chi ha una relazione a distanza, ci hai fatto caso?
Se ne escono fuori con quelle frasi stereotipate del tipo: *oh mio dio, io non riuscirei mai a stare con qualcuno senza poterlo vedere!*
Oppure: e se poi ti tradisce? siete distanti, non puoi controllarlo!

Oppure: ma con l'ostacolo della distanza non riuscirete mai ad innamorarvi per davvero!

Insomma, queste persone pretendono di parlare di una relazione sana quando i loro suggerimenti impliciti sono del tutto malsani!
"Non puoi controllarlo" è un suggerimento tossico.
Se una persona evita di tradirti solo perché puoi controllarla, allora quella persona non ti ama.
"L'ostacolo della distanza" è un apriorismo pregiudizievole, perché la definizione di ostacolo è decisa da colui che viene ostacolato.
Gli stessi lacci di una scarpa su cui tu scivoli e inciampi - e perciò **ostacoli** per te - possono invece essere **salvifici** per una persona che si ferma a guardare in basso, perché si è accorta che ha i lacci sciolti, mentre una macchina gli sta sfrecciando affianco a tutta velocità, e se non si fosse arrestata per guardarsi le scarpe, beh, chissà come sarebbe andata a finire.

Capitolo 13: Come la curiosità per il mondo che ti circonda può rafforzare la tua relazione.

La curiosità per il mondo che ti circonda può effettivamente rafforzare la tua relazione, perché se tu riesci a percepire una porzione di mondo nell'interiorità di tutte le persone che incontri, percepirai anche una fondamentale porzione di mondo nell'interiorità del tuo partner, e così è sul serio necessaria la curiosità per il mondo affinché tu non smetta di stupirti delle persone.

Vuoi davvero che io ti elenchi dei metodi per essere curioso del mondo che ti circonda?
Come puoi non vedere che la natura ha già allestito tutto in una maniera tale per cui è impossibile non essere suscettibili alla curiosità per i meccanismi che regolano le leggi della natura? Persino l'ingiustizia apparente che permea l'intero cosmo è un motore efficiente della curiosità, perché la curiosità può nascere dal desiderio di mettere giustizia laddove non vediamo giustizia. E allora è inevitabile che bisogna conoscere a fondo i meccanismi della natura per poter intervenire a migliorare quelli che ci sembrano meccanismi disfunzionali, voglio dire se non individuiamo la disfunzione non possiamo neppure far funzionare qualcosa. Non ti pare?

Perciò tu non hai bisogno di qualcosa che alimenti la tua curiosità per il mondo, tu hai semplicemente bisogno di osservare, osservare e osservare senza stancarti, perché osservando ti accorgi delle disarmonie, e inevitabilmente li vuoi riportare l'armonia, e per riportare l'armonia devi essere curioso di conoscere la legge esatta che definisce l'armonia.

E poi, pensaci!
Quanti argomenti puoi affrontare con il tuo partner, se smetti di essere curioso del mondo?
Tutti gli argomenti ora esistenti sono nati da una certa dose di *curiosità* per un certo aspetto del reale, e poiché quella curiosità doveva essere in qualche modo soddisfatta, ecco che sono nati i primi studi, le prime osservazioni, le prime ricerche.
Sì, tutto il periplo della cultura universale nasce da un respiro di curiosità.
Se trattieni troppo a lungo il respiro della curiosità affoghi nel mare dell'inconsapevolezza. Non smettere mai di essere curioso.

E tu ambisci a una consapevolezza sempre più elevata. Altrimenti non saresti qui a leggere questo libro.

La curiosità, tuttavia, pur essendo una qualità innata, può atrofizzarsi nell'arco dell'esistenza in seguito a possibili esperienze negative.
Mi spiego meglio.
Se la tua curiosità per l'acqua del mare ti ha portato a una congestione, se la tua curiosità per il focolare ti ha portato un'ustione, se la tua curiosità per il cibo ti ha portato ad assaggiare una mandorla marcia, è probabile che il tuo inconscio, per proteggerti da ulteriori esperienze negative,
smetta di farti pervenire alla coscienza lo slancio della curiosità.

E potresti trovarti catapultato in uno stato di profonda apatia, di indifferenza verso il mondo, per così dire, perché cominci ad aver paura della tua stessa curiosità, da quando hai immagazzinato nella memoria che essere curiosi equivale a farsi male.

Sai come si **distrugge** una memoria negativa?
Costruendoci sopra una memoria positiva più potente.

Poiché la tua curiosità ti ha portato a farti male, è il momento che la tua curiosità ti porti a farti del bene.

Tentativi. Tentativi.

Indirizza la tua curiosità verso qualcosa di estremamente importante per te.
Veicola la tua curiosità lì dove sai perfettamente che non puoi farti del male!
Deve esserci solo la possibilità di uscirne arricchito.

E poi... chi ha detto che bruciarsi è un'esperienza **solo** negativa?
Bruciarsi è *anche un'esperienza positiva.*
Perché ti consente di capire che cosa devi evitare di fare, per non bruciarti nuovamente.
C'è sempre un positivo occultato nelle esperienze negative: tienilo a mente.

Sei abbastanza motivato per metterti a cercarlo?
Sei abbastanza attento per capire dove cercarlo?

È in te. È timbrato nel tuo bagaglio di esperienze.
È tutto lì, il risvolto positivo delle esperienze negative.
Anche quando provi un dolore inimmaginabile, puoi dire di aver

avuto un'esperienza positiva, perché grazie *all'inimmaginabile* adesso sai che esistono dei limiti *all'immaginazione* del dolore.

Diventa esperto del tuo partner:
- **Essere soprattutto amici.**
- **Esercizi e domande.**
- **Aumenta il divertimento e le risate.**
- **Rapporti con gli amici.**
- **Processo decisionale condiviso.**
- **Creare rituali condivisi.**

Ti sei mai chiesto se fosse possibile diventare esperti del proprio partner? Io dico che è possibile. D'altronde è come pensare al proprio partner come a un libro da studiare, in effetti. Si tratta di approfondirlo, di esplorarlo, di osservarlo come si osserva un capolavoro della natura, un mistero che si intromette nella linearità delle cose. Riesci a percepire il tuo partner alla stregua di un fenomeno assolutamente curioso?

Se la tua risposta è sì allora non incontrerai difficoltà a diventare esperto del tuo partner, perché diventare esperto sarà solo un effetto collaterale del tuo studio, della tua passione per la mente del tuo partner. Non è che il tuo obiettivo debba essere quello di diventare esperto di qualcosa, il tuo obiettivo deve essere semplicemente la conoscenza di un fenomeno straordinario che si estrinseca in una porzione di carne umana.

Innanzitutto bisogna instaurare un rapporto di amicizia, dove per amicizia si intende coltivare una stima reciproca sia a livello intellettuale che a livello sentimentale. Non si tratta della classica amicizia canonica, naturalmente. Come può esistere una relazione se alla base manca la componente corrisposta della stima? La stima è fondamentale, perché passare del tempo con una persona che non stimiamo non fa altro che impoverirci. E tu dovresti saperlo bene, immagino che tante volte hai dovuto passare del tempo con persone che non stimavi e scommetto che quando sei tornato a casa ti sentivi stranamente scarico, come se tu avessi dovuto rinunciare a qualcosa di prezioso pur di stare lì con loro.

E una relazione che ti scarica costantemente non è assolutamente una relazione sana, concorderai con me, perciò, quando ti dico che la stima reciproca è un elemento fondamentale?

Affinché venga potenziata la stima è necessario incrementare la conoscenza, e per incrementare la conoscenza puoi servirti di esercizi e domande mirate. Gli esercizi possono essere semplicemente dei giochi, se vogliamo, con i quali riesci a capire quanta sintonia si è creata tra di voi. Potresti - per fare un esempio - collezionare degli screen di certi meme casuali trovati sui social network e valutare se le cose che fanno ridere te fanno ridere ugualmente anche il tuo partner, e poi analizzare le differenze tra le vostre manifestazioni della risata, tra il tempismo, la capacità di sincronizzarsi a livello temporale sulle stesse emozioni, partendo da banali meme, che poi tanto banali non sono, a ben vedere. Grazie ai meme e ai loro pattern stereotipati, potrai inoltre aumentare il divertimento e le risate di coppia generate esattamente dall'incontro delle vostre interpretazioni dei meme utilizzati per l'esperimento.

In effetti non è facile sincronizzare le proprie allegrie, perché suppongo che dovreste avere dei parametri affini di ciò che suscita la risata. Lascia che ti dica una cosa: se il vostro umorismo si lascia sintonizzare sulle stesse corde, siete probabilmente anime affini.

Naturalmente una buona affinità di umorismo facilita anche l'interazione e l'integrazione in una stessa comitiva di amici, perché nessuno di voi due avrà difficoltà a cogliere le battute dei rispettivi amici del partner, che sono ben contestualizzate, e riprendono magari episodi di cui siete già a conoscenza.
Talvolta il rapporto con gli amici del partner appare conflittuale per il semplice fatto che si è estranei alle dinamiche interne al gruppo degli amici del partner, e dunque nascono fraintendimenti dovuti alla mancanza di informazioni fondamentali.
Perciò è necessario entrare nel mondo dell'altro in maniera molto naturale.

Un altro ostacolo alla stabilità della relazione è costituito dalla inadempienza alle esperienze condivise, vale a dire da una scarsa partecipazione alla condivisione di tutto ciò che vi accade, in linea generale. Nel momento in cui l'esigenza di condividere viene meno, è possibile che sorgano i primi problemi di comunicazione, di indebolimento dell'intesa emozionale.
Ecco perché è fondamentale mantenere salda l'abitudine a condividere sia i momenti belli che quelli brutti, affinché quelli belli siano vissuti insieme e quelli brutti siano affrontati insieme.

A proposito di condivisione, è fondamentale anche condividere il processo decisionale in tutti i suoi aspetti. Nessuna decisione che riguarda la vita di coppia può essere presa da una individualità perché non sarebbe coerente con il concetto stesso di coppia che è per definizione plurale.
Perciò qualsiasi decisione influenzi, in qualche maniera, la vita di coppia, deve essere vagliata da entrambe le parti costituenti la coppia.

Per allenare la condivisione si potrebbe organizzare qualche forma di rituale condiviso, come per esempio un appuntamento settimanale organizzato sistematicamente lo stesso giorno che prevede una determinata attività, come andare al cinema ogni domenica, tanto per dirne una. Un processo ritualistico è in grado di agevolare l'attitudine a condividere i **momenti,** perché esso rappresenta la programmazione di un momento da vivere insieme.

Naturalmente puoi spaziare con la fantasia e inventare forme ritualistiche del tutto originali da condividere con il tuo partner, la sostanza non cambierà.

Attrazione atomica:
- **Diventare più attraenti per se stessi.**
- **Costruisci la magia dell'attrazione.**
- **Mantenere l'attrazione nel tempo.**
- **Mantenere il mistero.**

L'attrazione non deve rischiare di essere una esibizione per il partner. Cerco di spiegarmi meglio. Tu non devi essere attraente perché lo sguardo di un altro, anche se si tratta di colui che ami, ti dia la sua approvazione. Tu devi essere attraente perché devi provare un senso di gradevolezza estetica quando sei da solo con te stesso. E bada che essere attraente per te stesso è molto facile: non devi sottostare ai canoni di bellezza imposti dalla società, tu hai i tuoi canoni di bellezza su misura per te, e sono certo che puoi soddisfarli, perché sono tuoi, perché sei tu.

Quante volte ti sei guardato allo specchio pensando di essere sbagliato? Quello non è il tuo giudizio autentico su te stesso. Quando convivi a lungo con una persona non puoi evitare di vederla bella.

Chi oserebbe dire a se stesso che sua madre è esteticamente sgradevole?

Hai mai sentito di un essere umano che abbia chiamato brutta sua madre?

Evidentemente un'alta concentrazione di bene prevede un'alta concentrazione di bello, perché il bene e il bello coesistono ontologicamente a priori.

Se tu impari a volerti bene, ti assicuro che in te vedrai solo il bello, così come se vuoi bene a tua madre in lei vedrai solo il bello.

Per quanto riguarda l'attrazione da suscitare nel tuo partner io non sono qui per darti suggerimenti estetici, perché io non tollero che esistono dei canoni da rispettare nell'estetica per essere più attraenti. Il modo migliore di suscitare attrazione è creare un desiderio in evoluzione, mai completamente soddisfatto, come ti dicevo poc'anzi.

Quando avrai allestito un desiderio, una volontà che non si esaurisce in poco tempo ma che persiste, una sorta di sfida invincibile e pur tuttavia possibile, che ammette la partecipazione allo sforzo, ecco quando avrai creato tutto ciò avrai anche creato il clima perfetto in cui nasce l'attrazione atomica.

Sai perché si dice magia dell'attrazione? Esattamente perché la magia è qualcosa di fondamentalmente irrealizzabile, e aleggia in una perpetua atmosfera di fantasia. Per cui se l'attrazione è magica significa che si percepisce la presenza di fattori in realizzabili.

Ti svelo un segreto: tu puoi creare la magia dell'attrazione semplicemente creando l'elemento magico, ossia l'elemento di sospensione tra l'immaginato, il realizzabile, e il reale.

Puoi farlo. Non devi neanche impegnarti eccessivamente. Questa magia sarà anche tua, perché tu proverai esattamente ciò che vorrai far provare al tuo partner. Creare un elemento magico ti permetterà anche di mantenere una certa stabilità dell'attrazione, perché essa tende a svanire nel tempo, in quanto assume le caratteristiche della assoluta realizzazione e compiutezza, e quindi perde le sue sfumature di magico e sognante.

Puoi creare un segreto, un mistero, puoi trasformarti in un enigma da decifrare, puoi essere i codici del tuo enigma, puoi essere tutto quello che ti va di essere, senza però snaturarti, perché tu sei l'insieme di tutte le possibilità del tuo essere. Come dicevo, puoi creare un mistero da risolvere e puoi osservare come l'attenzione del tuo partner si intensifichi nel momento in cui deve essere bravo a risolvere il tuo mistero o te stesso che ti trasformi in un mistero. In qualunque caso deve crearsi una situazione di gioco, una situazione ludica che consenta di tenere alta l'attenzione.

La presenza dell'elemento del mistero in effetti è ciò che rende interessante e avvincente un film o un libro, e la vostra relazione potrebbe avvicinarsi a una relazione da film o da romanzo? Certo!

Capitolo 14: Tenere distanti i genitori per mantenere la privacy.

Hai mai subito l'intromissione dei tuoi genitori nelle tue relazioni sentimentali?

Se la tua risposta è affermativa, allora cercherò di darti qualche suggerimento per persuaderti a non lasciarti condizionare dal loro intervento.

Vedi, è una vecchia tradizione, quella per cui un partner deve andar bene prima ai tuoi genitori e poi a te. È una vecchia tradizione, genitori preoccupati del benessere economico, genitori preoccupati di assicurarsi che non si tratta di un delinquente, insomma, a quanto pare il partner sconosciuto ai genitori può assumere qualsiasi mostruosa sembianza nella loro perversa immaginazione.

Questo atteggiamento è chiaramente una dimostrazione di *bene*, in cuor loro, non c'è ragione di dubitarne sai.
Il problema è che loro non conoscono che cos'è il tuo bene né conoscono che cos'è il bene in sé.

Centinaia di filosofi hanno fatto corrispondere il Bene assoluto con la Libertà assoluta.
E allora qui cadrebbe ogni buona intenzione dei tuoi genitori, s'intende, perché scegliere al tuo posto significherebbe privarti della libertà non solo assoluta ma addirittura parziale. Ciò che fanno potrebbe essere l'antitesi del bene, ma loro non lo sanno. Ciascuno di noi resta intrappolato nel suo patetico concetto di

bene, e guai se qualcuno prova a dirci: *ehi, guarda che il tuo concetto di bene non equivale al concetto del bene in sé!*

Tu che cosa diresti, a quel punto? Che cosa diresti se qualcuno ti rimproverasse perfino il bene che con tanta devozione provi a fare agli altri?
Se qualcuno ti dicesse: guarda è che davvero presuntuoso, fare del bene in questo modo, perché tu presumi di conoscere qual è il bene per questa e quella persona!

La verità sai qual è?
La verità è noi tiriamo dannatamente a indovinare.
E non possiamo fare altro.
Possiamo mica andare dalla persona a cui vogliamo fare del bene a premurarci prima di chiederle direttamente che cos'è il suo bene?

Per carità.
Non possiamo.
Non possiamo.
Non possiamo?
Tu dici di no?

Pensaci meglio. Tu preferiresti che chiunque intenda farti del bene senza autorizzazione, venga prima da te a chiederti se quello è ciò che avverti come bene?
Se tu preferisci che accada questo, beh ti tocca riservare lo stesso trattamento agli altri.
Comincia tu. Ecco.
Comincia a irradiare nel mondo ciò che vorresti ricevere dal mondo.

Vuoi ricevere del bene? Fai del bene.

Vuoi ricevere del bene, dopo aver espresso la tua concezione di bene? Fai del bene, dopo aver ascoltato l'altrui concezione di bene.

In qualunque modo la mettiamo, voglio chiederti di fare ciò che è noto da migliaia di anni.
Comincia a fare ciò che vorresti fosse fatto a te.

E se poi non ricevi i risultati sperati?

Beh, questa possibilità non nullifica la tua crescita interiore e la tua espansione della consapevolezza, che è generata dalla messa in pratica di questo comportamento saggio, di questo fare agli altri ciò che vorresti fosse fatto a te.
Lo so che ti sembra banale.
Ma se ti dicessi che è una delle intenzioni più difficili da applicare e trasformare in azioni?

La privacy è fondamentale per una relazione incontaminata. Nel momento in cui un genitore si intromette nella tua relazione, costituisce un'interferenza. E poco importa se quel genitore stia agendo per il bene - secondo il suo bene.

Io ti consiglio, in questo caso, di parlare ai tuoi genitori esattamente del concetto del bene in sé.
Prova a portar loro delle prove convincenti del fatto che sono presuntuosi, quando immaginano il tuo bene senza il tuo consenso!
Prova a portar loro le argomentazioni dei filosofi, quando dicono che il bene assoluto coincide con la libertà assoluta. Provaci. Dico davvero.

Porta la cultura che a loro manca.
Tu lo sai che la cultura cambia le persone, no?

Se vuoi vedere il cambiamento dei tuoi genitori, porta loro della sana cultura, e argomenta, non metterti a gridare, non ti agitare, non ti risentire.
Porta loro della sana cultura.

Se il cambiamento non avviene, sei **libero** di mandarmi al diavolo e agire come meglio credi.
Ma fai un tentativo, ti prego.

So che è difficile avere dei genitori per niente disposti al dialogo, so che è difficile avere genitori che preferiscono mettersi a sbraitare invece che a discutere civilmente, so che è difficile avere genitori dalla mente rigida, dalle convinzioni inamovibili, intoccabili, e so che è difficile essere aggrediti per aver provato a toccare solo lievemente quelle convinzioni.

Ma quanto hai imparato dai loro errori?
Te lo chiedi mai?
Quanto hai imparato dagli errori degli altri?

Dicono che nella vita non si finisca mai di imparare. Beh, questo è irrimediabilmente vero. Perché anche quando smetti di imparare dai tuoi errori, puoi sempre cominciare a imparare dagli errori degli altri, e allora sul serio non finisci mai di imparare, perché in fondo, si sa, gli errori degli altri mica ce l'hanno una fine.

Capitolo 15: Mindful Habits: le 10 abitudini d'oro che devi acquisire per dare una svolta alla tua relazione.

1) La prima abitudine mindful che devi rinforzare è la focalizzazione sul respiro.
La focalizzazione sul respiro è un metodo per focalizzarsi sul presente, sul cosiddetto "qui e ora", in quanto il respiro rappresenta l'istantaneo, l'immediato, ciò che non può essere rimandato a dopo, a più tardi, a chissà quando, perché è inevitabile che tu, nel momento presente, stia respirando, e allora pensare al tuo respiro significa pensare al tuo presente. Probabilmente questo esercizio ti servirà, se sei una persona che ha l'abitudine a focalizzarsi troppo sul passato e sul futuro, perdendosi la bellezza del presente.

2) La seconda abitudine mindful consiste nel controllare la tua postura per una giornata intera. Ci hai mai provato? Sei mai stato attento alla tua postura per ventiquattro ore di fila?
Voglio proporti questo esperimento, che consiste nel concentrare tutta la tua attenzione sulla posizione del tuo corpo nello spazio che esso occupa. Questo esperimento può farti percepire in una maniera molto più consapevole il tuo corpo, perché un'attenzione mantenuta così a lungo sul tuo corpo rafforza i punti di contatto tra te e il tuo involucro.

È possibile che tu cominci a sentire nuove sensazioni, scansionando ciò che accade sotto la tua pelle, oppure è possibile addirittura che tu cominci a intuire i meccanismi fisiologici che presiedono a quelle sensazioni, il tempo in cui si manifestano, le circostanze, i contesti.

3) Non ami il traffico, vero?
Bene, ti propongo un modo per cominciare ad essere in pace perfino con il traffico.
Focalizza la tua attenzione sul tuo corpo durante i momenti di attesa, perché sono i momenti migliori in cui si può osservare la reattività del corpo.
Il corpo risponde in modi diversi all'attesa, all'ansia, alla smania di arrivare in fretta all'appuntamento. Può accelerare i battiti cardiaci, può tremare, può irrigidirsi.
Ci hai mai fatto caso?
Che cosa succede al tuo corpo quando resti bloccato nella fila del traffico? Puoi regolare le reazioni del tuo corpo con una consapevolezza maggiore sulla loro apparizione?

4) Probabilmente la musica piace a un'altissima percentuale di esseri umani.
Ma quanti sono capaci a rinunciare alla musica, anche se la amano?
Saresti disposto a rinunciare alla musica per qualche tempo, se io ti dicessi che questa rinuncia ti aiuterà a concentrarti meglio sulle tue passioni, sul tuo lavoro, suoi tuoi obiettivi?
Prova a interrompere la colonna sonora delle tue giornate e dimmi che cosa ti resta.
Quanto ti resta, senza la colonna sonora.

Puoi vivere **bene** anche solo con quello che ti resta?
Se la risposta è sì, cioè se la musica non ti manca, se ti basti, allora significa che sei in pace con te stesso e con quello che fai.
Ma se invece cominci ad avvertire una irresistibile nostalgia della musica, è possibile che tu debba trasformare qualcosa della tua vita, perché non trovi soddisfacente ciò di cui ti sei circondato.

È proprio in questa circostanza che si capisce come la musica possa fornire un mezzo di evasione dalla realtà. Ed allora si comprende che la musica lungi dall'essere un semplice passatempo piacevole cela in realtà un rifiuto per le condizioni della tua esistenza.

5) A proposito di musica, la suoneria del cellulare potrebbe costituire un disturbo alle interazioni con l'altro, e perciò ti consiglio di provare un periodo disattivando la suoneria del cellulare e osservando quali risultati ottieni in reazione a questa variazione.

6) Hai mai sentito parlare degli esercizi di percezione? Bene, potrei introdurteli facendoti immaginare una situazione in cui, in una circostanza banale, tu devi individuare cinque cose che puoi vedere, cinque cose che puoi ascoltare, e cinque cose che puoi percepire tattilmente, tutte presenti in quella circostanza, ossia disponibili in quel preciso momento nella tua esperienza percettiva, nel tuo campo visivo, nel tuo campo uditivo e nel tuo campo tattile.
Questo esercizio ti aiuterà a sviluppare la capacità di differenziare gli stimoli sensoriali, di isolare nella tua coscienza le fonti dinamiche di percezione, di discernere la differenza, e quindi

potenzierà il tuo discernimento, che è una qualità nobile e utilissima nella vita di tutti i giorni.

7) Hai mai provato a meditare mentre cammini?
C'è questo luogo comune secondo cui la meditazione debba essere necessariamente eseguita in posizione seduta, e necessariamente in circostanze specifiche. Questo non è affatto vero. Meditare camminando non significa naturalmente che devi procurarti una condizione di vuoto mentale mentre cammini (non vorrai mica inciampare...) ma puoi utilizzare una tecnica diversa, ugualmente valida per il raggiungimento dello scopo della meditazione, che in ogni caso resta quello di espandere la consapevolezza.
Il metodo della meditazione mentre cammini consiste nel rallentare il passo, innanzitutto, e nel prestare una attenzione focalizzata sul movimento delle tue gambe, mentre eseguono quello che per il tuo cervello è ormai un automatismo, tu ne devi diventare consapevole, senza interferire.
Entra nel tuo automatismo.
Entra nei meccanismi che regolano la trazione delle tue ginocchia, la direzione dei tuoi piedi, l'allontanamento e l'avvicinamento sistematico dei tuoi piedi, la flessione dei tuoi polpacci, la rigidità o il rilassamento delle gambe intere, concentrati solo su te stesso, sul tuo corpo in movimento.

8) Essere qui e ora.
Quante volte hai sentito parlare dell'espressione del "qui e ora"? Ma quante volte sei riuscito ad applicarlo per davvero? Quante volte hai sentito di essere presente nel tuo adesso? Quante volte hai sentito l'adesso nella tua presenza?
Quante volte hai sentito di essere qui nel tuo ora?

Quante volte hai sentito di essere ora nel tuo qui?
Che cosa senti, in questo istante?
Che cosa senti, adesso? Qui, ora?

Prova a radicarti qui. Ora, qui. Affonda le tue radici in questo tempo e spazio circoscritto. Ci sei solo tu.
Tu, il tuo spazio, il tuo tempo, ci sei solo tu, nel tuo spazio, nel tuo tempo.
Lascia andare i pensieri sul passato e sul futuro. Non ti servono adesso.
Non anticipare gli eventi e non li ricordare.
Vivi in questo attimo. Estendilo. Comprimilo. Gioca con il tempo e i suoi limiti. Sfidali.
Sfida i limiti del tempo. Ne hai il potere.
Puoi dilatarlo, il tuo tempo, con un semplice atto di volontà. Puoi forse perfino smettere di sentirlo.

9) Perché non provi a conferire sacralità alla banalità?
Tutto ciò che fai, sotto la luce della consapevolezza, assume una sacralità intrinseca. E allora anche l'azione più banale può diventare sacra.
Anche un'attività che generalmente reputi noiosa come sbrigare le faccende domestiche può rivelarsi un'esperienza straordinaria. Hai mai provato a sentire il contatto di ciò che tocchi? Hai mai provato a delineare l'esatto momento in cui un oggetto diventa toccato oppure toccante? Sei tu che tocchi l'oggetto o è l'oggetto che tocca te?

Quando pulisci un oggetto, comincia ad osservare te stesso in relazione a quell'oggetto, interrogati sulla vostra armonia o disarmonia, sulla prospettiva che vi differenzia, su come vede il mondo, quell'oggetto, dalla sua prospettiva e quanto diversamente lo vede da te. Entra in sintonia con gli oggetti che tocchi, che guardi, che esistono nel tuo dominio di percezione. Fonditi con essi. E dopo averlo fatto, chiediti: posso ancora trovare banale o noioso, passare del tempo con me stesso?

10) Nutriti in maniera consapevole.
Spesso i nostri pasti sono sbrigativi, frettolosi, accompagnati da ansia e disordine.
Hey, guarda che il cibo sta per diventare una parte di te! Non è così scontato, l'atto del nutrimento.
Deve crearsi un'armonia tra te e quel che stai mangiando.
Perché devi prenderti cura di quel che ti cura.
Amare quel che ti dà la possibilità di sopravvivere, non trattarlo con ansia e fretta di finire, assaporare significa incontrarsi con l'essenza espressiva del cibo, significa conoscere le tonalità del cibo, non solo il suo sapore, perché il suo sapore è già una combinazione di modi di esistere.
Ecco perché si dice che il momento del cibo è sacro. Si tratta semplicemente di rispettare il rapporto di unione che si crea tra te e quel che entra dentro di te, e ti costruisce gradualmente una rinnovata struttura cellulare.

Sai perché queste abitudini mindful potranno incidere positivamente sulla tua relazione sentimentale?

Beh, per il fatto essenziale che aumenteranno la tua **consapevolezza del mondo**, e perciò in conseguenza aumenteranno anche la tua **consapevolezza della condivisione del mondo** col tuo partner.

Capitolo 16: Come uscire da una relazione manipolatrice attraverso l'accettazione.

È possibile che tu sia stato coinvolto in una relazione manipolatrice?
Come dire, il tuo partner utilizzava spesso espressioni come "*tu non vali niente senza di me, te ne accorgerai*" oppure "*sai benissimo che hai bisogno di me*" oppure ancora "*la tua vita sarà un inferno senza di me*"? Ebbene, sappi che questi pattern di espressioni sono tipici dei soggetti manipolatori, che utilizzano espedienti lessicali, parole persuasive, suggestive, talora imperative, per indirizzare subliminalmente il tuo inconscio a inquadrarli come **indispensabili** per te.
Se il tuo partner comincia a comporre discorsi votati alla **persuasione,** che è una maniera lampante di **manipolare,** ti consiglio di stare molto attento.
Può essere un gioco pericoloso.
La manipolazione può essere un'arma pericolosa, se non la sai fronteggiare adeguatamente, se non la sai gestire con il giusto distacco emozionale.
Che poi, intendiamoci, so benissimo che parlare di distacco emozionale in una relazione sembra poco coerente, quasi paradossale, ma se il tuo partner ha un temperamento manipolatore, e tu vuoi comunque conservare la vostra relazione perché intuisci che in lui c'è del buono, devi assolutamente premurarti di non essere contaminato dal suo lato oscuro.
Altrimenti non c'è storia, capisci, se non sai tenere la distanza

dall'oscurità delle persone che incontri, rischi di diventare a tua volta quell'oscurità, per causa della tua troppa vicinanza ad essa.

Se non riesci a mantenere questa distanza, proverò ad indicarti qualche direttiva comportamentale che ti consenta di liberarti, di sbarazzarti definitivamente della persona manipolatrice. Naturalmente mi rendo conto che non è facile perché la persona manipolatrice avrà pensato a grandi strategie per convincerti che magari non vali niente senza di lui. Non è forse così? Bene, sappi che qualunque sentimento tu provi adesso, qualunque sentimento di dipendenza e di annientamento di te stesso, nell'ipotesi che tu possa perdere il tuo partner, non è altro che un condizionamento della manipolazione che hai esercitato su di te, e non ha niente a che fare con il tuo reale giudizio su te stesso.

Tu sai perfettamente che sei un individuo autosufficiente, autonomo, indipendente, e sai benissimo che vali probabilmente anche di più quando sei da solo, rispetto a quando sei con lui, perché lui non ti valorizza, lui ti dimezza la luce.

Perciò esci dalla convinzione che ti ha imposto di non valere niente senza di lui. Questo è esattamente il contrario di ciò che accade davvero. Ricordi che cosa abbiamo detto a proposito del valore, a proposito dell'etimologia della parola valore? *Essere forte, essere capace, significare.*
Se sarai abbastanza **forte** *da lasciarlo andare, se sarai* **capace** di sbarazzarti di lui, ti assicuro che **significherai** il tuo rinnovato valore.

Quando capirai che la persona manipolatrice ha manipolato perfino il tuo significato della parola valore, è precisamente in quel momento che tu riacquisterai il tuo valore.
Non ci sono scuse.

Intanto torna in te. Torna all'istante prima che tu permettessi qualcuno di dirti quanto vali da sola, e quanto vali con lui, torna all'istante prima che tu permettessi a qualcuno di definire quello che è il tuo valore.
Quello è l'istante in cui ritroverai te stesso, e credimi, tutto ciò che è seguente a quell'istante non ti appartiene, il pensiero di non essere abbastanza, di essere inadeguato, è una mistificazione dei tuoi pensieri, un coagulo di menzogne che ti sono state imposte dall'esterno, e tu ci hai creduto, ci hai semplicemente creduto troppo. Hai creduto sul serio che qualcuno avesse il potere di conoscerti meglio di quanto ti conosca tu.
Ecco perché bisogna ricorrere al metodo dell'accettazione per poterti liberare di una relazione manipolatrice: devi innanzitutto accettare il fatto di aver avuto a che fare con un manipolatore, e devi accettare il fatto che tu gli hai permesso di manipolarti. Questi sono gli stadi più difficili, lo so, lo immagino, accettare i propri limiti non è mai una passeggiata.
Tuttavia ti garantisco che quando supererai la fase dell'accettazione tutto il resto verrà da sé, perché quando avrai accettato la presenza di una persona tossica, il tuo corpo si ribellerà in conseguenza per il pericolo di avvelenarsi ulteriormente, e te lo farà capire in mille modi, che l'ha capito anche lui, davvero.

Il fatto che tu sia stato manipolato non ti rende una persona debole o da biasimare, ti rende semplicemente una persona che ha trovato troppa bellezza lì dove l'oscurità era presente in misura maggiore, forse si tratta di un difetto visivo, una distorsione percettiva, capita a tutti sai, non sentirti solo, nei sogni siamo costantemente bombardati da distorsioni, e mica siamo deboli se ci svegliamo e troviamo un'allucinazione sul muro e ci batte il cuore forte forte perché noi la crediamo reale.
Siamo mezzi addormentati, quello sì.
Accettazione significa accettare di aver vissuto un periodo in cui ti trovavi in uno stato semi onirico, se così si può dire.
Ma andrà tutto bene, finirà come ogni altro sogno, finirà l'allucinazione, finirà la tachicardia reattiva, e ti accorgerai che avevi sussultato per qualcosa di fondamentalmente irreale.

E andrà benissimo così fidati, andrà bene anche così, ci puoi scommettere. Vivrai forse un po' di stordimento inizialmente ma poi ti abituerai così tanto alla tua nuova condizione di lucidità, da sentirti stranamente vivo. Vivo in un modo del tutto rinvigorito, forse è più corretto dire rinato, perché sarai rinato dal dolore, dell'accettazione del dolore, e dalla liberazione definitiva del dolore.
È un processo di morte, cosa credi?

Le manipolazioni ti hanno fatto credere di essere sbagliato, ti hanno dato tante ragioni per diffidare dell'amore incondizionato, perché in qualche attimo di identificazione del problema, forse l'hai capito, che quello che stavi vivendo non era amore, ma era un problema.

E adesso io vorrei chiederti di non fare l'errore più grande che un essere umano possa fare.

Vorrei chiederti di non estendere la tua percezione di essere manipolato a tutte le persone che potresti incontrare. Voglio dire, ti prego, non sentirti minacciato dal resto del mondo.
C'è tutto il bene che ti meriti, nel mondo.
Non è un mondo di manipolatori.
Lo vedrai, te ne accorgerai.

Assorbi ciò che emani.
Prova ad applicare questo principio che non sappiamo neppure se esiste per davvero.

Ama incondizionatamente qualcuno e non ti aspettare niente in cambio.
Questo significa incondizionato.
Poi però riapri gli occhi, e vedi se qualcuno ti sta amando a sua volta in modo incondizionato.
Non importa chi.
Fosse anche uno sconosciuto che ti lascia il posto a sedere in metropolitana perché hai l'affanno.
L'amore incondizionato può durare un istante e tuttavia può invaderti di fiducia nell'umanità.
La stessa fiducia che forse ha vacillato in te, per via della relazione manipolatrice.

Sai, a volte mi capita di uscire e di provare ad amare incondizionatamente tutti gli sconosciuti che osservo sul mio cammino.

Immagino di avere tra le mani una potente luce irradiante, e mi concentro sui loro occhi per far loro arrivare un messaggio mentale che fa così:
io ti amo anche se il resto del mondo ha smesso di amarti.

Non ho nemmeno il tempo di osservare le loro reazioni, perché il mio passaggio è veloce.

Perciò non saprò mai se hanno ricambiato il mio amore.

E questo è, niente meno, niente più, che *l'incondizionato*.

Chissà se in qualche parte del mondo, magari proprio in qualche parte del tuo mondo, c'è qualcuno che fa i miei stessi esperimenti.
Io scommetto di sì.
Guardati intorno quando esci.
Forse in mezzo all'indifferenza o, all'opposto, molestia visiva, c'è qualcuno che ti sta amando come si amano le cose più preziose dell'universo.

Capitolo 17: Praticare il perdono e chiedere scusa in modo consapevole. Come prendere le decisioni giuste attraverso la consapevolezza.

I demoni non vanno maledetti, né rinnegati, né allontanati, perché se tu maledici le tue colpe, le tue colpe si fortificano; se le rinneghi, si oppongono; se le allontani, si offendono. E la lotta cresce in estensione e intensità. I demoni vanno perdonati, così periscono accecati dalla luce del bene. Perdona le tue colpe e loro smetteranno di esistere.

Perdona te stesso. Perdonati per ogni disattenzione, per ogni fraintendimento, per ogni sentimento debole, oppure troppo forte, perdonati per ogni paura che hai tenuto in vita e che hai moltiplicato perché avevi perfino paura di ucciderla, perdonati per la diffidenza verso chi ti amava e per la fiducia incondizionata verso chi non ti amava affatto, perdonati per gli incubi che non hai interpretato, per tutte le volte che non hai osato, per i sogni che a realizzarli non ci hai nemmeno provato, perdonati per tutte le volte che non hai perdonato.

Perdonati per cominciare a perdonare.

Perdona tutti e tutto, anche se ti sembra una lacerazione del tuo ego, perdona tutti e tutto, ti farai solo del bene, perché tutto quello che non viene perdonato diventa un ingombro, un ostacolo alle tue prestazioni mentali, una porta chiusa in faccia alla tua creatività, quello che non viene perdonato sedimenta dentro e ti impoverisce, e poi diventa incubo, e poi diventa distorsione del sogno.

Riprenditi in mano la tua vita.
Perdona l'imperdonabile.
Perché solo perdonando l'imperdonabile, dimostrerai a te stesso che non esiste niente di più potente dell'amore.
E bada, non parlo dell'amore per i tuoi carnefici.
Parlo dell'amore per te stesso.
Perché perdonare è un atto d'amore verso te stesso.
Non è un atto d'amore verso i tuoi carnefici.
Forse il più doloroso e meraviglioso di tutti.

Perdonare ristabilisce l'armonia con il cosmo, perché tutte le persone singole che incontri nella tua vita rappresentano una porzione minima dell'intero cosmo. E se crei attrito anche con una sola porzione minima del cosmo, non avrai mai *l'intero* cosmo dalla tua parte. Capisci cosa intendo?

Si tratta semplicemente di avvicinarsi quanto più ti è possibile all'interezza, all'assoluto, perché la tua vera essenza si radica nell'assoluto, e non nella porzione, la tua vera essenza si radica nel tutto, e non nella parte del tutto.

Capirai da te, allora, quanto possa essere alienante per la tua vera essenza trovarsi scaraventata in un universo più piccolo di quello che le spetta, quando tu hai deciso di escludere dal tuo universo quelle porzioni dell'universo che ti hanno fatto del male.

Ci hanno insegnato che perdonano soltanto i deboli, non è forse così?

Ci riempiono la testa di frasi come: impara a farti rispettare, impara a pretendere più dagli altri che da te stesso, impara a mostrarti forte e impara a cacciare le unghie.

Ma guarda che tu non devi averci niente a che fare, con i tuoi carnefici.

È una questione tra te e l'universo, non è una questione tra te e loro.

Tu devi solo perdonarli **dentro di te**, e devi perdonarli **per te**, non è che devi avvisarli del tuo perdono. Non è una tappa obbligata.

L'universo sa che hai perdonato, anche se non lo dici a nessuno. E ti restituisce l'armonia senza che tu glielo chieda espressamente.

Perché l'armonia la ristabilisci tu nell'attimo stesso in cui scegli di perdonare.

Perché nell'attimo in cui scegli di perdonare, tu ti trasformi nell'universo.

Che non conosce ostilità, non conosce rancore, non può! Perché se l'universo portasse rancore anche solo per una delle sue componenti interne, sai che disastro universale accadrebbe?

La regolarità dell'universo, il suo stare in piedi da eoni, probabilmente dipende proprio dall'equilibrio intrinseco, connaturato all'universo.

Se ci fosse una situazione di squilibrio interno, chi ti dice che tutto questo palcoscenico del cosmo non decadrebbe miseramente? L'ultimo soffio e nulla più. Tutto sparito.

Ma l'universo non lo può permettere, non se lo può permettere, ecco perché chissà quanto si è impegnato per mantenere una stabilità che gli consenta di sopravvivere nei secoli dei secoli, nei millenni, e forse chissà magari per un tempo infinito o indefinito che sfugge alla nostra numerabilità conosciuta.

La suprema legge dell'universo è tenuta in piedi dall'armonia, e se tu per un istante della tua vita volessi anche solo provare la brezza di sentirti onnipotente come l'universo, dovresti scendere a patti con le sue leggi, dovresti comportarti esattamente come si comporta l'universo, e metterti a perdonare, perdonare, perdonare, finché l'armonia non sia raggiunta naturalmente, senza più doverti sforzare.

Oltre a perdonare dovresti anche chiedere scusa, imparare a chiedere scusa anche quando non sei sicuro di aver sbagliato, se solo ti viene il dubbio di aver sbagliato, tu chiedi scusa per dare il buon esempio a chi magari non riuscirebbe a chiedere scusa nemmeno sotto tortura.

Carino, non trovi?
Con una semplice parolina di scuse puoi mettere a disagio la più irremovibile e superba delle persone, di quelle lì che credono di essere immuni all'errore.

È una buona occasione per farli sentire fuori luogo, non credi? Non c'è niente di più doloroso, per una persona cattiva, che osservare qualcuno di profondamente buono.

Allo stesso modo non c'è niente di più doloroso per una persona arrogante che osservare qualcuno di profondamente umile, pronto a mettersi in discussione anche per un errore che non è sicuro di aver commesso. Naturalmente questo non significa che tu debba avere poca autostima e sentirti continuamente in errore, questo significa semplicemente avere così tanta autostima da non aver paura di sbagliare, perché tanto sai che alla fine trovi un rimedio al tuo sbaglio.

Vedi come è paradossale il concetto di autostima? Ci insegnano che chi ha un'alta autostima non deve mai chiedere scusa, non deve mai ammettere i suoi errori, ci insegnano che l'autostima è una specie di perfezione. Ma questo è falso.

Avere autostima significa confidare nella propria capacità di osservare se stessi e il mondo con un occhio acuto, e perciò anche l'atto di osservare i propri errori con un occhio acuto significa avere autostima, non è una negazione dell'autostima.

Riconoscere i propri errori è un rafforzamento dell'autostima. Perché predispone alla ricerca del rimedio.

Questo atteggiamento di autocritica costante aumenterà straordinariamente la tua consapevolezza, perché l'autocritica significa essere presenti a se stessi nel bene e nel male, osservarsi come se ci si ponesse da una prospettiva più elevata, sdoppiarsi, duplicarsi, diventare la propria anima, il proprio sé superiore, e dirsi:

questo potevo farlo meglio!

L'autocritica conduce a diventare la versione migliore di noi stessi, oppure è già la versione migliore di noi stessi che giudica tutte le versioni peggiori e transitorie di noi stessi.

Ma sai qual è il lato più sublime dell'autocritica?

È che smetti di sentirti offeso quando qualcuno ti muove una critica. Smetti di sentirti inadeguato, quando qualcuno ti muove una critica.
E sai perché?
Perché non ti sorprende!
Perché ci avevi già pensato prima tu!

A quanto pare l'autocritica può salvarti dal risentimento relativo alla critica.
È un semplice spostamento: diventi così tanto consapevole di te stesso da conoscere perfettamente tutte le tue debolezze, tutti i possibili errori di logica in cui puoi incorrere, e non avrai più bisogno che qualcuno te li faccia notare, perché sarai già immediatamente responsivo al rilevamento dei tuoi errori.
Dopotutto si tratta dei tuoi errori, non credi?
E poiché sono i tuoi errori, tu sei la persona più indicata a poterli riconoscere nella loro insorgenza, nella loro reale intenzione, e magari osservare dopo le conseguenze che producono sugli altri.

Grazie allo sviluppo dell'autocritica, come dicevo, potrai liberarti dell'ansia da prestazione, perché prima di una qualsiasi prestazione tu avrai già presagito per conto tuo quali sono i possibili errori cui puoi essere stato soggetto.
Se conosci bene il tuo errore, non puoi rimanerci troppo male vedendo qualcun altro riconoscerlo: anzi, tutt'al più puoi pensare

che questo "qualcuno" è stato bravo a riconoscerlo, è stato attento,
quasi quanto te.
Fine della storia.

Essere autocritici può anche significare prevedere le reazioni degli altri, e quindi essere in qualche modo sempre connessi al sentire degli altri, come avere un pulsante nel cervello che quando lo premi ti consente di vedere l'interpretazione altrui rispetto a tutto ciò che dici. Dovresti provarci, a entrare nell'interpretazione degli altri, potresti scoprire qualcosa di assolutamente insospettabile.

Questo temperamento ti aiuterà certamente a prendere decisioni in maniera più consapevole, poiché l'ampliamento della consapevolezza si ripercuoterà su qualsiasi tipo di aspetto della tua vita, e in maniera prorompente su quello che riguarda la decisione, i modi di decidere. Quante volte hai avuto paura di decidere per non pentirti di quella decisione? Bene, sappi che tutte le decisioni prese in maniera consapevole non sono esposte al pentimento, perché la chiara consapevolezza annulla la possibilità che tu ti possa pentire di ciò che fai. La consapevolezza ti insegna che tutto ciò che scegli di fare si rivelerà un giorno, sia pure molto lontano, utile al tuo percorso evolutivo sulla terra. La consapevolezza non ha paura di pentirsi, perché sa che ci si può pentire persino del pentimento stesso, quando si capisce che quel pentimento era infondato.

Capitolo 18: Il modo in cui i social possono distruggere una relazione: usare in modo consapevole questi strumenti.

Voglio farti una premessa abbastanza decisiva. Non lasciarti fuorviare dal titolo letterale di questo capitolo. Non è che siano i social, a distruggere una relazione, no. Ciò che distrugge una relazione è l'uso indiscriminato, pericoloso e compulsivo dei social.

È chiaro che se il tuo partner passa le sue giornate a scorrere la Home di un social network alla ricerca di foto in costume a cui mettere *like,* c'è qualcosa che non va in lui. Non in te, sia chiaro. Tu vai benissimo.

Ma la sua ostinazione? Se una persona fosse appagata dalla relazione che ha, non avrebbe né tempo né voglia di mettersi a cercare foto in costume di altre persone. È facile facile. Niente giri di parole. Non ce la fai, non ti viene l'impulso di startene a guardare gli altri. Certo, se ti capita accidentalmente, ci si comporta come di fronte a una figura esteticamente gradevole, l'occhio può trovare gradevole qualcuno anche se sei fidanzato con un altro, intendiamoci bene, le relazioni belle e sane non hanno il potere di annullare le reazioni naturali del corpo, rivolte ad altri soggetti.

Ma hanno il potere di annullare l'intenzione di mettersi a cercare quelle **particolari reazioni del corpo.**

Insomma, ti sembra poco?

Funziona così: so che il mio corpo prova determinate cose alla vista di una persona esteticamente gradevole, e tuttavia non me ne importa proprio niente di provare queste cose, perché accanto a me ho qualcuno che mi fa provare già tutto quello di cui ho bisogno. Ecco, così è più o meno come dovrebbe pensarla, una persona innamorata.
Spegnere l'intenzione non perché tu lo obblighi a spegnerla, ma in maniera automatica!
Una disattivazione automatica di un bisogno che non ha più necessità di essere soddisfatto da altre persone, se queste persone non corrispondono a te.

Perciò un uso consapevole dei social significa semplicemente evitare tutte le situazioni che potrebbero generare fraintendimenti.
Perché è chiaro che quando c'è uno schermo a separare i vostri intendimenti, si può incorrere più facilmente in una difficoltà di intendimenti è perciò in un fraintendimento.
Alla fin fine tutto si riduce a evitare il fraintendimento, per stare bene.
Che sembra facile, eh, ma è forse l'operazione più complessa dal punto di vista logico, emotivo e linguistico.
Infatti la distanza di intendimenti è originata da una distanza che è prima logica, poi emotiva e poi linguistica.
La distanza logica riguarda essenzialmente la logica verbale. Il modo in cui contestualizzate le parole, tu e il tuo partner, se è troppo diverso, produce una distanza logica. La distanza emotiva riguarda le emozioni contrastanti che provate all'ascolto delle

stesse parole. E quella linguistica riguarda la scelta dei significati e delle parole, indipendentemente dal contesto.

Insomma, con o senza social network, se c'è già un problema alla base della vostra relazione, stai pur certo che il social è solo uno strumento accessorio per manifestare un problema preesistente, un problema che esiste già, indipendente dall'uso dei social.
Non è colpa dei social, per meglio dire.
I social sono anzi meravigliosamente onesti quando fanno emergere questi problemi che, magari senza i social, non avrebbero trovato una cavità comoda da cui emergere.

Ringrazia i social, piuttosto che maledirli. Ringraziali perché ti hanno mostrato qualcosa che prima già esisteva in forma latente, o nascosta.

Capitolo 19: Ravvivare un matrimonio in crisi e riaccendere la speranza.

Come ripristinare l'attrazione:

Sei sposato? Il tuo matrimonio è in crisi, o vuoi comunque in maniera precauzionale conoscere i modi migliori per gestire una possibile crisi?
Allora questo è il capitolo che fa per te!

Una delle complicazioni dei rapporti che durano a lungo è il possibile affievolimento della passione.
E non perché tu diventi meno attraente, o perché il tuo partner diventa meno attraente.
Semplicemente si va perdendo, a lungo andare, una certa *modalità* di attrazione che è tipicamente originata dalla curiosità e dalla novità.
E allora si capisce che una conoscenza perpetuata nel tempo si allontana gradualmente dagli elementi di novità, perché la durata ti consente di conoscere quasi tutto il mondo interiore del tuo partner, e quando si giunge a visitare un mondo in ogni sua sfumatura, non è raro che si accusi la mancanza di interesse per il mondo che si abita.
Perciò la domanda diventa:
è possibile rinnovare il proprio mondo interiore?

Voglio dire, se voi costruite un nuovo mondo interiore, si ristabilisce anche la curiosità di scoprirlo, questo nuovo mondo.
Forse è così che si supera una crisi intra matrimoniale: non con il rinnovamento di una casa, non con il rinnovamento dei luoghi o degli impieghi comuni, ma più probabilmente con il rinnovamento di se stessi.

E non è facile. Rinnovare se stessi richiede grande coraggio e grande forza di volontà.
Potrebbe significare mettere in discussione tutte le proprie convinzioni, tutte le proprie abitudini, tutti i propri punti di vista sulle cose e sulle persone.
Potrebbe significare sviluppare nuove passioni artistiche e culturali, nuovi interessi per aspetti della realtà che prima nemmeno consideravi, nuove ambizioni per il futuro, nuovi sogni nel cassetto, nuovi rapporti con gli altri, rinnovarsi potrebbe significare persino mettersi a fare del bene proprio laddove prima provavi un senso di avversione e ostilità, dimostrando a te stesso di essere diventato completamente un'altra persona.

Rivoluzionare la tua vita non significa rivoluzionare ciò che sta all'esterno di te, l'ambientazione, il posto di lavoro, le amicizie, non si tratta di questo, rivoluzionare la tua vita significa rivoluzionare il tuo approccio a ciò che sta all'esterno di te, il tuo approccio risiede al tuo interno. Capisci cosa voglio dire?
C'è una frase molto famosa che dice qualcosa del genere: se vuoi cambiare il mondo parti da te stesso. Questa frase ha molta attinenza con quanto ti sto descrivendo, perché dichiara esattamente la necessità di trasformarsi interiormente per poter trasformare qualcosa di esterno a noi stessi.

L'attrazione verrà ripristinata da sé, una volta che avrete costruito un nuovo mondo interiore.

Un nuovo mondo interiore significa anche un nuovo segreto, un nuovo enigma da decifrare, ancora altri indizi da sparpagliare lungo la strada, ancora un altro mistero da scovare. Ciò che può rompere la noia si chiama introduzione di elementi innovativi, nuove combinazioni di situazioni, nuove combinazioni di parole, perché anche le parole comuni e risapute, se combinate insieme in un modo del tutto nuovo, producono nuovi significati. Immagina ora le vostre due personalità come una combinazione sempre uguale delle stesse parole, ripetuta per chissà quanto tempo, cosa diresti se con le vostre stesse parole voi poteste riuscire a combinare significati in modi del tutto nuovi?

Questo processo darebbe avvio a una serie di micro cambiamenti che se messi insieme, nella loro somma complessiva, delineerebbero una vera trasformazione interiore. Si comincia dalle piccole cose, si comincia dalle piccole combinazioni di elementi per produrre le combinazioni di elementi che fondano un universo.

Tuttavia voglio dirti in maniera del tutto spassionata che non è sano tirare troppo la corda dell'adattamento, perché quando la scintilla si spegne, talvolta non c'è cambiamento che possa riaccenderla, e bisogna spostarsi altrove, cercare altre persone, altri mondi già fatti, già completi, già disponibili, già accessibili alla tua conoscenza. Perché sì, le persone sono mondi e tu puoi scegliere di visitarne tanti, non è obbligatorio fermarsi ad un'unica tappa nel corso di questa esistenza, ci sono così tante risorse su questo pianeta che sarebbe uno spreco indugiare sulle risorse che ti offre un solo angolo del pianeta, e funziona così anche con le persone.

Il nostro retaggio culturale, soprattutto quello di matrice patriarcale, ci ha indotti a credere che le donne debbano conoscere un solo uomo, e che quell'uomo debba essere l'uomo della loro vita, l'uomo definitivo, la scelta che arriva fino alla fine dei giorni. Beh, non funziona proprio così. La mente umana è di natura esplorativa e ha bisogno sempre di nuovi stimoli per essere espansa, se questi nuovi stimoli non sono ritrovabili in una persona sola, bisognerà pescarli all'interno di altre persone, non importa in che modo, ciò che importa è soddisfare il desiderio di espansione della psiche.

Questo desiderio è indomabile, puoi illuderti di domarlo con i precetti tradizionalisti che ti hanno inculcato da generazioni e generazioni, ma poi la psiche si ribella perché essa non è soggetta alle convenzioni sociali, non accetta di piegarsi ai condizionamenti imposti dalla buona condotta della società. Ciascuna psiche deve avere il diritto di scegliere il suo concetto personale di buona condotta.

È l'unica cosa che ti viene chiesto: la libertà. La libertà di scegliere che cosa è per te il bene e che cos'è per te il male, che cosa per te è etico che cosa non lo è. L'unica cosa che ti viene chiesta e l'indipendenza del tuo pensiero: la capacità di svincolarti dalle costruzioni mentali che altri hanno elaborato al posto tuo e che ora pretendono che diventino tue. Questo è inaccettabile per la libertà della psiche.

Libero.

Tu sei nato per essere libero, non assoggettato agli schemi di idee e farneticazioni degli altri, che poi diventano regole sociali, inibenti e limitanti. Che poi diventano le tue inibizioni e le tue limitazioni.

Credi davvero di poter essere felice seguendo i parametri di felicità che hanno deciso altri al posto tuo? Forse è questo il vero ostacolo alla felicità sai, quello di accontentarsi di una definizione ambigua della felicità, di una definizione che tu non hai avuto neanche il tempo di elaborare per conto tuo, perché quel tempo ti è stato sottratto, ti è stato inutile dal momento che ti hanno già consegnato il pacchetto completo delle definizioni. E tu non hai fatto altro che adattarti per tutta la vita a quelle definizioni. Non hai fatto altro che adattarti alla definizione di felicità invece che costruirtela.

Però adesso sei fuori da questo circuito. Adesso hai con te l'arma della consapevolezza.
E quando hai con te l'arma della consapevolezza, sai perfettamente come allestire la tua personale concezione di felicità su misura delle tue aspettative, dei tuoi desideri, delle tue preferenze.

Tutte quelle cose che hai sempre messo in secondo piano, solo per essere il gancio passivo della soddisfazione degli altri.
Tu non volevi deludere nessuno, non è vero?
Non volevi deludere tua madre, tuo padre, il tuo vecchio fidanzato, i tuoi vecchi amici.

Io la penso così: se le persone intorno a te fanno dipendere la loro delusione da una tua scelta, significa che queste persone sono carenti di autosufficienza emotiva, perché delegano a qualcosa di esterno, e cioè a te, l'attivazione di un sentimento come la delusione. In fin dei conti, voglio dire che sono loro a dover risolvere qualcosa con loro stessi, e non sei tu che devi essere il gancio passivo della loro soddisfazione.

Mi segui?

Puoi metterti comodo, all'interno della tua consapevolezza. La prima regola della consapevolezza è:
lascia che gli altri sviluppino la loro consapevolezza.

E come credi di poter essere utile agli altri, se sei sempre lì a soddisfare le aspettative che gli altri proiettano su di te?
E che magari invece dovrebbero mettersi a cercare dentro di loro?

Talvolta si può aiutare qualcuno in maniera più efficace non facendo niente, che facendo qualcosa. Non è un paradosso.
Pensaci.
Quando tu cedi a un altro la soluzione di un problema, gli stai togliendo la possibilità di attivare l'intuito, la forza di volontà nel cercarla, la consapevolezza della motivazione che lo spinge a cercarla, insomma lo stai privando di tutta una serie di dinamiche interiori che vengono mosse solo dai problemi ancora irrisolti.
Ecco perché non è il tuo compito, risolvere i problemi degli altri.
Il meglio che tu possa fare, al più, è quello di suggerire quali meccanismi devono essere messi in moto, per trovare la soluzione al problema.

Oppure puoi cominciare a fare domande servendoti del metodo socratico, cioè puoi sollecitare i pensieri e i ragionamenti del tuo interlocutore attraverso le tue domande, così da far emergere, durante il vostro confronto dialettico, la soluzione al problema direttamente nella testa del tuo interlocutore.
Lui possiede la soluzione.
La soluzione è dentro di lui.
Ma è latente, non ancora manifesta alla coscienza.
Tu devi solo occupanti di slatentizzarla.
E non certo di cercarla al posto suo.

Sicché il modo migliore per aiutare una persona a risolvere un problema è metterle a disposizione gli strumenti utili a risolverlo, senza però intromettersi nel lavoro di risoluzione, che deve essere esclusivamente e assolutamente suo.

Conclusione

Bene. Siamo giunti alla conclusione di questo libro, e io voglio invitarti a riflettere su quanto credi di aver appreso dalle mie parole, e su quanto hai intenzione di applicarle nella tua vita, fino a produrre dei cambiamenti significativi nel tuo rapporto con gli altri e con te stesso.

Abbiamo visto l'importanza della comunicazione in una coppia, la necessità di disambiguare tutti gli equivoci linguistici che si generano in un dialogo, abbiamo elencato qualche esercizio per rafforzare l'intesa mentale che poi si traduce in intesa lessicale, l'apertura, la sincerità, la comprensione, l'empatia, l'immedesimazione nell'altro, e tanti altri elementi necessari alla corretta comunicazione in una coppia.

E poi abbiamo elencato gli aspetti negativi della comunicazione e della stabilità complessiva della coppia, come la voglia di imporsi, la gelosia, la disonestà, la voglia di avere sempre ragione e dominare l'altro, la scarsa partecipazione e la mancanza di ascolto, la dipendenza affettiva, la costante paura di essere traditi. Hai appreso probabilmente l'arte di saper dire di no e saper accettare i no, e la quota di consapevolezza che bisogna sviluppare per riuscire nell'accettazione dei no.

Abbiamo poi osservato alcune strategie vincenti relative al ripristino dell'attrazione in una coppia a lungo termine, abbiamo visto come sia abbastanza normale che l'attrazione sfumi nel tempo, ma abbiamo anche assodato che con la riformulazione di alcuni progetti, con la pianificazione di alcuni metodi per generare l'enigma, il mistero, il segreto, ecco che l'attrazione

torna a farsi viva. Anche la curiosità per il mondo che ti circonda, anche quella è una componente fondamentale per la rinascita dell'attrazione, perché abbiamo detto che la curiosità è il motore dell'osservazione, e se ogni persona equivale a un mondo, allora la curiosità per il mondo equivale alla curiosità per gli abitanti di quel mondo. E non dimentichiamo naturalmente l'aspetto della condivisione, la condivisione degli spazi di amicizie, che è importante per mantenere inalterata la fiducia negli spostamenti del tuo partner quando si trova senza di te. E che dire poi dell'arte del distacco e delle relazioni a distanza? A quanto pare la distanza non necessariamente debilita una relazione, ma anzi può rafforzarla in maniera del tutto insospettabili, poiché è esattamente il distacco dall'oggetto desiderato che ricrea sistematicamente la passione per l'oggetto desiderato da raggiungere.
Quando si abita già nel raggiungimento del desiderio, il compimento della soddisfazione, si può incorrere in una sensazione di immobilità che a sua volta immobilizza anche il desiderio, naturalmente.

Abbiamo passato in rassegna 10 mindful habits per rafforzare la relazione e accrescere la consapevolezza. E che dire poi delle vie d'uscita dalle relazioni manipolatrici?

Hai compreso come l'autostima debba essere assolutamente recuperata, al termine di un incontro sfortunato con un manipolatore.
Hai compreso che la tua autostima è sostanzialmente incorruttibile.

E che se viene apparentemente scalfita dalle parole di una persona, essa si rigenera come appena togli potere a quella persona.

E abbiamo inteso che tu hai tutto il potere
per togliere potere a quella persona.
Devi solo ricordartene, devi solo ritrovarlo, non è mai andato perduto, dammi retta, mai.

Printed in Great Britain
by Amazon